郑州大学基础与新兴学科项目支持（JCXX14-01）

句子功能的
线性实例化研究

司罗红◎著

中国社会科学出版社

图书在版编目(CIP)数据

句子功能的线性实例化研究 / 司罗红著 . —北京：中国社会科学
出版社，2016.9
ISBN 978 – 7 – 5161 – 8595 – 7

Ⅰ.①句…　Ⅱ.①司…　Ⅲ.①句子 – 功能 – 研究　Ⅳ.①H043

中国版本图书馆 CIP 数据核字（2016）第 170174 号

出 版 人	赵剑英
责任编辑	曲弘梅
责任校对	张依婧
责任印制	戴　宽

出　　版	中国社会科学出版社
社　　址	北京鼓楼西大街甲 158 号
邮　　编	100720
网　　址	http：//www. csspw. cn
发 行 部	010 – 84083685
门 市 部	010 – 84029450
经　　销	新华书店及其他书店

印　　刷	北京君升印刷有限公司
装　　订	廊坊市广阳区广增装订厂
版　　次	2016 年 9 月第 1 版
印　　次	2016 年 9 月第 1 次印刷

开　　本	710 × 1000　1/16
印　　张	16. 25
插　　页	2
字　　数	238 千字
定　　价	60. 00 元

凡购买中国社会科学出版社图书，如有质量问题请与本社营销中心联系调换
电话：010 – 84083683

序

　　句子功能无疑是语法研究中一个极其重要的核心概念,但是句子功能的性质、内涵、外延等基础概念构成却长期处于混沌状态,不禁让人颇感意外。翻阅相关文献竟无法找到一个周全妥帖、直截了当、令人满意的定义。句子功能是什么?句子功能有哪些?句子功能有何用?这些问题都有待仔细分辨、深入研究。在句子功能认识方面的模糊与混乱,本质上是由于相关研究多采取舍语法而就其他的思路。只有溯本求源,将语法问题回归语法,才能开宗明义地定义句子功能,才能找到解决句子功能及相关问题的理想途径。作者司罗红博士在这部《句子功能的线性实例化研究》一书中就明确给出了句子功能的句法定义,确定了句子功能判定的形式标准,认定了句子功能的范围并建构了句子功能由非线性特征实例化在句子表层得到体现的过程,回答了之前句子功能研究的困惑,对句子功能及相关问题的研究有重要意义。

　　语言研究与其他科学研究一样,旨在发现问题、分析问题、解决问题,要做到这些并非易事。发现语言问题要有敏锐的观察力,小题大做,透过小现象,发现大问题。本书作者在这方面表现得可圈可点。书中的章节几乎都是从常见现象着手,通过理论分析找到背后隐藏的语言规律。解决语言学问题既要有翔实的材料,又要避免变成语料的罗列,要从语料中找出语言规律,语言规律还必须得到更多语料的验证。作者在材料的收集和分析上下了不少功夫,书中的语料涵盖了国内外多种语言和方言。

汉语研究需要也应该可以与当代西方语言学理论对接，形成互动的双向交流模式，这种对接绝对不应该是不加消化地全盘接受。引进应当是准确把握语言理论的精髓和实质，批判性地有选择地运用语言理论的思想解决汉语问题，同时通过对汉语问题的深入研究，进一步发现和修正语言理论本身，发现跨语言的共性和汉语的个性。书中章节对相关语言现象的见解颇具新意。

罗红这部著作是在其博士论文的基础上修改而成的，能够在中国社会科学出版社出版，我非常高兴。虽然书中有的章节已经作为单篇论文发表过，但以一个完整体系呈现在读者面前肯定还是会有别开生面的感觉。2005 年罗红考入华中师范大学跟我读研究生，到 2011 年博士毕业，六年里给我最深的印象就是踏实。他为人实实在在，做事本本分分。做学问能坐得下来，思考问题能沉得下去，有揪住问题不放的韧劲，我想这是罗红取得成绩的根本品质。另外，罗红有悟性，有透过表面看本质的洞察力，对许多问题有独特的看法，常常不拘泥于既有模式而另辟奇径解决问题，这点相信大家看过书后会有同感。

徐　杰

2016 年 9 月 1 日

澳门横琴

内容摘要

　　句子功能是语法研究中的重要概念之一，学术界对句子功能的研究多从语用、语义等层面出发，是一种舍语法而就其他的思路，不利于对句子功能的深入研究。徐杰（2010）明确提出句子功能研究应当回到句法层面的思想，并且指出句子功能是作用于全句的功能范畴，必须在句子的三个敏感位置通过有限的句法操作手段实例化和具体化。我们在这一思路的指导下进一步就句子功能进行探索，确定句子功能的范围，并对句子功能进行个案研究。

　　主要观点如下：

　　1. 句子功能是语法学研究的对象，只有在句法形式上得到体现的句子功能才是句法学意义下的句子功能。句子功能是句子所特有的句法范畴，因此句子功能就等于"独立运用的句子和具有表述性的小句之间的差异"；句子功能处于句子的［C，CP］位置，管辖整个句子，决定句子的性质，但是句子功能和形式句法中的标句词不是全等的两个范畴，标句词和句子功能之间有一系列的差异，决定两者应当分别处理，从而可以解决诸如汉语中的标句词居前还是居后，英语中间接疑问句不发生助动词移位等有争议的问题。

　　2. 句子功能的判定标准应当是语法标准：（1）在形式上，句子功能必须在三个句法敏感位置上通过有限的句法操作手段实例化和具体化，得到句法形式上的体现。（2）在句法作用上，句子功能必须能够促使句法结构成为独立运用的句子。（3）句子功能之间应当具有替换性和互斥性，多个句子功能不能同时出现在同一独立运用的句子之中。运用句法判定的标准对前人提出的句子功能进行核查，发现：话题和焦点由于不是作用于全句的功能范畴，不是句子功能；时态和否定由于不能促使结构变为独立的句子，不是句法学意义下的句子功能；陈述和感叹不具有明显的特征，不通过有限的句法操作手段在句子的三个敏感位置实例化，不是句法学意义下的句子功能。

3. 疑问特征作用于全句，能促使结构变为独立运用的句子，具有成句性；能够通过有限的句法操作手段在句子的三个敏感位置得到实例化；是我们研究的句法学意义下的句子功能。疑问特征的实例化和具体化形成了表层结构中的疑问句。英语疑问句形式单一和汉语疑问句形式多样是疑问特征这一句法功能实例化的不同参数设定造成的表面现象，可以推导出来。通过对疑问句生成机制的研究可以解决疑问句的分类，"可 VP" 疑问句的性质等问题。

4. 祈使也是句法学意义下的句子功能。祈使能够促使结构变为独立运用的句子，具有成句性，需要在句子的三个敏感位置采用有限的句法操纵手段得到实例化和具体化，是句法学意义下的句子功能。祈使句是祈使特征实例化的结果，英语中的祈使句没有时态和主语，而汉语中的句子可以有主语，两者之间的差异是祈使特征实例化删除句子的时态特征和句子中心参数的不同设定造成的表面现象。

5. 假设特征是句法意义下的句子功能。假设特征作用于全句，虽然生成的是复句的分句，但是假设特征可以促使结构变为独立运用的句子，具有成句性；假设特征必须通过有限的句法操纵手段在句子的三个敏感位置实例化，形成在表层结构中有形式体现的假设句。汉语中的假设句标记"如果"等可以出现在"句首"位置和"谓首"位置，但不能出现在"句尾"语法位置，"的话"只能出现在"句尾"语法位置不能出现在其他敏感位置，这是由汉语句子中心的参数设定和假设特征的实例化决定的表面现象，可以得到解释。特指疑问词在假设句中不能表示疑问，在本质上是由于疑问特征和假设特征都是句子功能，两者相排斥，是词汇疑问特征受到抑制的结果。

Abstract

Sentence function is an important concept in grammar. The previous studies on sentence function focus on its pragmatic and semantic aspects, which has deviated from grammar and is not conductive to its deep research. The study on sentence function should be redirected to its syntactic aspect. Sentence function, by its definition, is a sentential functional category, forcing the independent expressive units to form a sentence, and meanwhile, as a functional feature with no phonetic forms, being realized through three sensitive positions and limited syntactic means and marking itself in language forms.

This dissertation takes sentence function as the research subject, the Theory of Principles and Parameters and Language Typology as its theoretical framework, and cross-linguistic comparison as its methodology. It is held that the superficial differences among interrogatives, imperatives and hypothetical sentences result from the different instantiations of sentence function in different sensitive syntactic positions and syntactic means, a phenomenon which can be derived.

There are five chapters:

Chapter one is an introduction. It mainly reviews the previous studies on sentence function and points out their achievements and weaknesses. The previous studies usually give up on grammar but follow other ways. The studies of sentence fuction usually equal to the studies on the sentence moon and pragmatic classification of sentences, which lacks rigid discussion and evidence from grammatical forms. Then it introduces the theoretical framework of the dissertation—the Theory of Principles and Parameters. Finally it brings up the value of the present research and the source of the data.

Chapter two is "The Nature and Function of Sentence Function". It points out that sentence function is the research subject of sentence function. The sentence function which is realized in language forms is the sentence function in the sense of syntax. Sentence function is the peculiar function of the sentence, thus sentence function is the "difference between independent sentence and expressive clause". In syntax, sentence function lies in [C, CP] on top of the sentence, governs the whole sentence and decides the nature of the sentence. However, sentence function and the complementizer are not the same category. They display a lot of differences and should be treated differently, thus this can solve some disputable issues as the complementizer inChina is head-initial or head-final, wh-in-situ in embedded interrogatives in English. In addition, sentence function is also different from the mood. Sentence function can be roughly described as the expressive mood. In syntax, sentence function can force clauses to become independent sentences.

Chapter three, "Syntactic Means and the Scope of Sentence Function" introduces four syntactic means as "Movement", "Marker-adding", "Deletion" and "Reduplication", through which the surface structure is derived from deep structure, as well as three sensitive positions as "sentence-initial", "predicate-initial" and "sentence-final". The criteria according to which sentence function is defined should be: 1. Formally, sentence function must be realized through limited syntactic means in three sensitive positions and also must be represented in syntactic forms. 2. In syntax, sentence function can force syntactic structure to become independent sentence. 3. Different sentence functions must be in a substitute and complementary position. Different sentence functions cannot occur in the same sentence. Starting from these criteria, it is found that topic and focus cannot work on the whole sentence and thus they are not sentence function; tense and negation cannot force structures to become independent sentences and cannot be regarded as sentence function; Declaratives and exclamatives are not realized through limited syntactic means in three sensitive positions and thus are not sentence functions in syntax.

Chapter four, "The Instantiations of the Question Feature", points out that the question feature can force structures to become independent sentence and can be realized through limited syntactic means in three sensitive positions and thus is sentence function in syntax. The instantiations of the question feature are the different interrogatives in surface structure. The singularity of English interrogatives and the variety of Chinese interrogatives can be explained as the different parameters set in the instantiations of the question feature in languages and this phenomenon can be predicated. The research on the generative mechanisms of interrogatives can also resolve the issues as the classification of interrogatives and the nature of "KVP" question.

Chapter five, "the Instantiations of the Imperative Feature and the Generative Mechanisms of Imperatives" also shows that imperative is a sentence function in syntactic sense as it can force structures to become independent sentence and can be realized through limited syntactic means in three sensitive positions. The differences in English imperatives and Chinese imperatives as there are no tense and subject in English imperatives and there may be subjects in Chinese imperatives can be derived as the superficial phenomenon as the instantiation of the imperative feature gives rise to the deletion of the tense feature and different parameter-setting in these sentence functions.

Chapter six, "The Instantiation of the Hypothetical Feature and the Generative Mechanisms of Hypothetical Sentence", takes the hypothetical feature as the sentence function in syntactic sense. The hypothetical feature works on the whole sentence, though it only brings out the existence of the embedded sentence in hypothetical sentences, it can be realized as through the limited syntactic means in three sensitive positions, and the hypothetical sentences are thus formed. The Chinese hypothetical marker "ruguo" can occur in "sentence-initial" and "predicate-initial", but it cannot occur in "sentence-final", while another Chinese hypothetical marker "dehua" can only occur in "sentence-final" instead of other sensitive positions. This can be explained as the different parameter-setting of sentence functions and the different instantiations of the hypothetical feature. The wh-words fail to question in hypothetical question, which by nature, is because the question feature and the hypothetical feature are both sentence functions, and thus they dispel each other and the question feature of the wh-words are restrained.

Chapter seven is the summary of the present dissertation: The sentence function in its syntactic sentence is the syntactic feature which can bring out the existence of a sentence and can be realized through four syntactic means in three sensitive positions. The instantiations of sentence functions are difference sentences as we see and decide the superficial differences of the sentences.

Key Words: sentence function, instantiations, syntactic means, the question feature, the imperative feature, the hypothetical feature, the generative mechanism

目　　录

第一章

绪　　论

第一节　　选题缘由

句子功能是语言研究中极为重要的核心概念之一，正如徐杰（2010）指出的"我们却无法找到一个周全清晰、直截了当、令人满意的定义"。大多数学者对句子功能的定义和论断是"舍语法而就语义和语用的"；这一现象对相关问题的讨论产生了不利影响。徐杰先生明确指出，对句子功能这一语法问题需要回本求源，从语法本身出发，使用语法的形式标准进行定义和研究。并指出"语法学意义下的'句子功能'仅是那些形式上带有特定语法效应的句子功能，这些特定的语法效应主要表现形式是在句首、谓首和句尾三个句子敏感位置上所进行的加标、移位和重叠等句法操作"。我们在"句子功能回归句法"这一思想的指导下进一步探索，详细论证，进行延伸性的研究，确定句子功能的主要性质和范围，并就具体的语法特征做个案性考察，揭示句子功能实例化的规律。

一　前人对句子功能的研究和认识

句子功能这一语法研究的核心概念，很早就得到了语法学界的关注。长期以来，句子功能常从句子的语用角度着眼，将句子功能和句子的用途、句子的语气、使用句子的目的等等同起来，认为句子功能就是句子按照不同作用进行的分类。但是句子功能的研究和讨论也随着语法研究的深入而逐渐深入。

朱德熙（1982：23—24）指出，"从结构上可以将句子分为单句和复句，单句又可以进一步的分为主谓句和非主谓句两类"。"从句子的功能来看，我们又可以将它分为陈述句、疑问句、祈使句、称呼句和感叹句五类。"

北京大学中文系主编的《现代汉语》（1958：300—301）指出，"如果从句子所表述的内容来看，或者说从说话人所要达到的目的来看，句子又可以分为陈述句、疑问句、祈使句等五类，句子语气主要决定语调，大致可以分为陈述、疑问、祈使、感叹几类"。

吕冀平（2000：351）指出，"每个句子都有它自己的具体的意义，但是就它们表达的作用来说，却可以概括为四类：陈述、疑问、祈使、感叹。句子的作用是告诉别人一件事情，它的作用就是陈述，这样的句子叫陈述句。只要句子的作用是向别人提出一个问题，它的作用就是疑问，这样的句子叫疑问句。一个句子无论它的具体内容是什么，只要它的目的是要求对方做一件事情，它的作用就是祈使，这样的句子叫祈使句；一个句子，无论它的具体内容是什么，只要它的目的是抒发强烈的感情——欢乐的、忧伤的、惊讶的、气愤的等等，它的作用就在于感叹，这种句子叫感叹句"。不难看出，吕冀平先生将陈述、疑问、祈使等同句子的作用和句子的目的等同起来。

张斌（1998：32—33）指出所谓句类指的是句子的语用类别，一般分为陈述、疑问、祈使、感叹四种。通常把句子分为四类，是依据什么标准划分？有人说是依据句子的功能划分出来的，有人说是依据句子的用途划分出来的，这里讲的功能，不是句法功能，实际上与用途是一回事，作为工具，功能与用途是统一的。张斌的表述明确指出了所谓功能是从语用角度出发的，与句子的用途和目的具有统一性。

张斌主编的《现代汉语》（2002：439—440）认为，"广义的句类是句子类型的简称；狭义的句类专指句子的语气类型。句子语气类型是从语用平面给句子所作的重要分类"。句子的用途就是语用目的，是由句子语气来反映的。"语气是句子语用目的或表达用途的外在体现，语气又通过语调和语气词表现出来，句类就是根据句子的语气对句子所进行的分类。"语气是句类的决定性因素，与语气无关的句子表达的内容，句法成分的配置和多寡、语义关系的样式和语义成分的多少都不能影响句类的划分。"句类一般分为陈述句、疑问句、祈使句、感叹句四类，分别表示陈述语气、疑问语气、祈使语气和感叹语气。"

吴启主（1990：439）在讲述单句的功能类别（句类）时指出，"句子是表示说话人的感情或态度的，这种功能的不同决定了句子的语气也不一样。按照不同的语气可以把句子分为陈述句、疑问句、祈使句、感叹句、呼应句五种"。刘叔新（2002：249—251）认为"句式就是依据句子的语气类型划分出来的句子类型，具体讲就是陈述句、询问句、疑问句、命令句等各种表意形态的句子样式"，每种句式语气范畴借以表现出来的就是各种不同的句式。齐沪扬（2007：415—417）认为"人们的语言交际总是有一定的语用目的，这种语用目的就是句子的表达用途，换言之，句子除了体现它的基本意思之外还能体现说话人的意图。从表达意图的角度上把句子分为陈述、疑问、祈使、感叹四类……"但是齐沪扬又明确指出，这只是一种分类的角度，"句类"不是指语用目的或句子内容的角度，而是根据句子的语气类别对句子做出的分类。可见齐沪扬将句类语气等同，但又与句子的作用相互区别。黄伯荣、廖序东（1991：99）指出，"根据句子表达的语气分出的类型叫句类，拿语气作为标准，可以分为四种"。范晓（1998：16—19）运用"三个平面"理论对句子进行动态的分类，从句法结构分出句型，从语义平面的语义结构划分出句模，根据语用平面的语用价值或表达用途划分出"句类"，"根据语用目的即句子的表达用途进行分类，也就是一般所说的句子的语气分类，因为句子的语气反映了句子的语用目的，这种分类是句子语用平面最重要的一种分类"。"根据句子表达用途即语用目的（语气）区分句类，汉语的句子大体上可以分为以下五类：陈述句、疑问句、祈使句、感叹句、呼应句。"

有学者从语义角度分析句子功能，在语义的范围之内对句子功能进行定义，周长雨（2006）明确指出"我们所说的功能一般是指语义功能"。

吕叔湘先生提出句子的功能主要是句子在句群或在篇章中语法地位的假想，要是按一个句子在一串句子中的地位和作用，也是按功能分类，可以分为始发句和后继句，这在语法上是有区别的。吴为章（1994）继承了吕叔湘的假想并加以阐述。陈昌来（2000：16—17）在阐述句子的功能类别时也有相似的表述，"按句子在话语中的功能，可以把句子分为始发句、后继句、终止句。通常把处于句群之首的句子叫始发句；跟在始发句之后，同始发句组合成句群的句子是后续句；出现在句群或段落的末尾，起总括或结束某一话题作用的句子是终止句"。

国外生成语法对句子功能的定义体现在对各种功能短语的论断之中。早期生成语法认为句子是以句子功能为中心的投射，句子是标句词为中心的投射"CP"，或者以屈折范畴为中心的"IP"。Pollock（1989）提出早期表示句子中心的功能短语（IP）应当进一步分解为时态短语（TP）和呼应态短语（AgrP），呼应态短语还应当进一步细分为主语呼应态（S‑Agr）和宾语呼应态（O‑Agr），这一观点在生成语法的最简方案时期得到了乔姆斯基的认可。最简方案还认为否定句是以否定范畴为中心的功能投射否定短语（NegP），全句话题也是话题范畴投射的话题短语（TopP），焦点成分是焦点范畴为中心的投射（FP），就认定了功能语类范畴都是句子功能，包括时态、否定、话题、焦点、呼应，等等。

二　前人对句子功能的理解的不足

（一）前人对句子功能的理解没有得到形式上的验证

语法形式和语法意义是语法研究的核心议题，两者之间的对应关系是语法研究的普遍共识，没有语法意义的语法形式是不可思议的，同样，没有语法形式的语法意义也是不能理解的，正如朱德熙

（1983：74）指出的"语法研究的最终目的就是弄清楚语法形式和语法意义之间的对应关系"。"事实上，凡是得不到形式上验证的语义分析对语法研究来说都是没有价值的。"

前人对句子功能的理解，虽然是语法角度对句子进行分类，但在具体的论证和探索时则多从句子的语用、语义等层面出发，标准也常常是语音、语气词等非语法形式的因素，泛泛陈述有余，而严密论证不足①。句子功能作为一种重要的语法范畴，不但要有意义上的区别而且必须找到与之对应的形式标志，这正是前人论证句子功能的软肋所在，各家都认为句子可以按句子功能分为四类或五类，但分类的依据通常是语用层面的句子作用和交际目的，而不是明确清晰的语法形式。没有得到形式上的验证就只能是猜测，不是科学严密的句法研究。

（二）前人的理解混淆了句子功能、句子语气和句子作用的内涵

前人在论述句子功能时将句子语气、句子的作用和语用目的等概念全等起来，没有明确句子功能的外延和内涵，没有实现相对清晰客观的性质定义和有凭有据的范围划界。

许多学者根据句子功能分类将句子语气和句子的作用作为标准，例如黄伯荣、廖序东（1991：99）认为"根据句子表达的语气分成的类型叫句类，拿语气为标准，句子可以分为四种"；有的学者则认为根据句子不同的用途所采用的说话方式和态度，语气只有陈述、疑问、祈使、感叹四类。在句子功能分类时以语气为标准，在句子语气分类时以句子功能为标准，这样的论证走进了循环论证的旋涡，在表达时必定是闪烁其词，论证时进退维谷。

句子功能分类和句子语气的纠结，可以从张斌写给《语气和口气研究》的序言中得到体现："常见的语法教材依据语气把句子分为陈述、疑问、祈使、感叹四类，同时又提到句子的语气有肯定与否定的

---

① 徐杰（2010）指出前人对句子功能的理解缺乏语法形式的验证，提出要将句子功能回归句法。

差别，强调与委婉的不同等等，那么句子的语气究竟有几种未免难以回答。"（孙汝建 1999：3）

将句子功能和句子的用途、交际目的等同起来，也有不妥之处，每一个句子在语用层面都有特定的用途，符合特定的交际目的，但句子用途是语用层面的范畴，而句子功能是语法层面的范畴，句子功能和句子的用途也并非一一对应关系。句子的用途和目的必须和语境相联系，是言语层面的分析，而句子功能是句子语法层面的特征与语境无关，是语言层面的分析，两者应当区分开来。

第二节　本书的研究对象和目标

"句子功能"这一语法学的核心概念应回归到语法本身，语法学意义下的"句子功能"，应当是那些在形式上带有明显语法效应的句子功能。这些语法效应在句子的三个敏感位置采用四种操作手段实例化，在语言形式上得到体现。

句子功能应当在语法学的意义下进行研究，它应当作用于全句，是一种全句功能范畴，这一特征应当可以通过有限的操作手段在句子的三个敏感位置得到实例化。例如，疑问是语言学界所普遍认可的句子功能，但大多数是从语用层面出发，认为其表达的是一种疑问语气，在语用上表示对某一未知的询问。在语法学意义下，疑问功能作为一种句子功能的判定标准应当是疑问特征在句子的三个敏感位置通过有限的操作手段在语法形式上得到实例化和具体化。例如：

汉语普通话：

（1）a 你会开车吗？
　　　b 你会不会开车？
　　　c 你可会开车？

福建长汀客家话（黄伯荣 1996：256）：

（2）粥食？（你吃不吃稀饭？）

江西于都客家话（引自谢留文1995）：

（3）明朝你去去赣中？（明天你去不去赣中？）

吴语（苏州话）：

（4）妳啊到港口去？（你去不去港口）

昆明话（引自邵敬敏、周娟2007）：

（5）你格上街？（你上不上街？）

英语：

（6）Will you marry me?

法语（引自董秀英、徐杰2009）：

（7）Travaillez vous aux Etats – Unis?
　　　工作　　你　　在　　美国
　　　你在美国工作吗？

日语（引自徐杰2001：174）：

（8）Anata – wa honwo kaimasu ka?
　　　你　主格　书—宾格　买　疑问标记
　　　你买书吗？

　　作为句子功能的疑问特征作用于全句，在句子的深层结构中可以码化为［+Q］，疑问功能可以通过添加疑问标记的手段实例化，在句子的表层结构中得到体现，添加的标记可以是词，也可以是语素，但添加的位置一定处于句子的三个敏感位置——句首、谓首和句尾。疑问特征［+Q］也可以采用重叠的手段在谓头敏感位置得到实例化和具体化，重叠可以是正正重叠，例如福建客家话，江西长汀客家话；也可以是正反重叠，例如普通话。疑问特征［+Q］也可以采用谓头移位的手段实例化，移位的成分可以是助动词，例如英语；也可以是实意动词，例如法语。总之，疑问特征［+Q］作为非线性的特征必须通过移位、加标、重叠等句法操作手段，在句首、谓首和句尾三个敏感位置得到实例化和具体化，在语法形式上得到体现，形成表层结构的疑问句。因此，疑问功能是句法学意义下的句子功能；同时，疑问功能特征实例化的手段是有限的，实例化发生的位置也只有句首、谓首、句尾三个敏感位置，因此疑问功能实例化形成的疑问句在句法表现上就十分有限。各种语言疑问句之间存在具有疑问特征这一共性，各种疑问句之间的差异不过是疑问特征在不同的句法位置通过不同的句法操作手段实例化和具体化的结果，"是对这个封闭系统的有限选择"。

　　本书的研究范围：句子功能这一重要的语法范畴，是语法学意义下的重要概念，它不但以抽象的无语音形式表现为句法特征，而且必须通过有限的手段在三个敏感位置实例化，在句法形式上得到体现。本书的研究重点是句子功能的基本性质，句子功能具有成句性，能促使具有表述性的成分变为独立的小句；按照句子功能的形式标准，确定句子功能的范围；研究各种句子功能如何通过有限的句法操作手段在句子的三个敏感位置实例化和具体化，如何在句子的表层形式上得到体现。祈使句、疑问句、条件句是相应句子功能线性实例化的结果，祈使句、疑问句、条件句的句法特点是句子功能采用句法操作实例化的表面现象，可以推导出来。

　　本书的研究目标：以充足的语言事实为基础，以形式句法的各种原则假设为理论背景，试图找出表面各异的事实背后共同的生成机制，在此基础上对各种现象进行合理解释，通过跨语言的比较和概括，从而得出语言在句子功能上共有的语言生成机制和规律。

第三节 本书的理论背景

本书以生成语法的原则和参数理论为主要理论背景，通过各个模块的组合和运用解决相关语言问题。

转换生成语法是当前西方语言学的主流思想，以探索人类的语言能力及人类大脑中与生俱来的语言机制为目标，这种生成机制应当是高度概括的、极为简单明了的，同时也是极具生产能力的。乔姆斯基认为，人类的语言虽然因民族和地域的不同而形式各异，但在表层不同之后隐藏着一系列的相同之处，这些相同之处是人类所共有的语法原则。人类语言存在普遍性，存在语言共性，各种语言的差异是在语言共性的前提下设定的参数不同。

原则和参数理论是生成语法在对 20 世纪 80 年代之前理论归纳和剖析的基础上形成的理论框架。语法原则是语言的共性，为人类语言所共有，在形式句法中以模块的形式出现，各个原则在语言生成中各司其职，而又相互关联相互协调以生成合法的句子，各种语言的语法规则不可能突破语法原则的制约。参数是语言的个性，是在语言原则的框架下设定的不同选择，可以因语言的不同而各异，语言现象的不同是由语言参数的不同设定而形成的。我们看到的种种语法现象都是一些相对整齐有限的语法原则，在"语用、文化、认知、语义心理"等条件的驱动和约束下，词库中的词汇特征和随机个案现象相互作用所造成的表面现象。

本书所涉及的理论模块和假设

形式语法是由模组化的语法理论，语法是由既相互联系又相互独立的理论模块组成，这里对本书所涉及的几个理论模块和基本假设作一简单说明。

一　X—阶标理论

X—阶标理论是关于短语结构的理论，用抽象的树形图来表示短语结构和句子结构，所有的短语和句子都必须满足 X—阶标程式，X—阶标理论认为所有的句子和短语都是向心结构，任何短语 XP 都是以其中心语 X 为中心的最大投射，中心语 X（零投射）可选定它的补足语成分（complement）组成 X 的中间投射 X'，X' 可以与 X 的标志语（spec）组成更大一级的投射 XP，虽然有人将投射的次数不断增加（Jackendoff 1977，石定栩 2002：136），但乔姆斯基认为投射最多只能两次，两杠的结构就是最大的投射，任何结构都必须符合下图中 X—阶标结构：

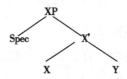

X 表示作为中心的语类，可以是 N、V、P 等实义语类，相应的投射为 NP、VP 和 PP，也可以是功能语类 I、C、D 等，形成相应的功能短语 IP、CP、DP。我们以动词短语为例，动词短语的中心为动词，其补足语为名词性成分 NP，N 与 NP 组合形成一级投射 V'①。V' 可以与 Spec 位置的标志语一起形成动词的最大投射 VP。

句子也必须满足 X—阶标理论，句子是句子中心"I"的最大投射 IP，在英语的句子中主要表现为位于动词之上的屈折形式——时态特征和一致性特征，在汉语中表现为谓素，IP 以动词短语 VP 为其补足成分，以主语 NP 为标志语。

在 X—阶标程式中，补足语与中心语的相对位置是可以有参数变化的，补足语可以在前，也可以在后，同样标志语的位置也可以发生

① 句子的 X' 可以出现多级，添加句子的附加语成分，附加语不是句子的必有成分，因此在树形图中没有表示。

参数变化，可以在左也可以在右。

二 格位理论和扩充的格位理论

格位理论是模组化了的形式语法最主要的理论模块之一，也是研究成果最丰富，理论最成熟的模块之一。格位理论要求名词出现在句子中必须具有格位，格位由格的指派者授予，格位理论可以用下面的式子表示：

经典格位理论（Chomsky 1981 等）

＊NP，如果有词汇形式但没有得到格位指派

主要的格位有：动词 V 给其补足语指派宾格，句子中心"I"给主语指派主格，介词 P 给补足成分指派宾格，中心名词指派所有格。没有格位的名词不能出现在句中，必须通过"移位、添加"等手段获得恰当的格位指派。

格位理论只对名词提出了要求，对格位的指派者没有要求，但是格作为对名词和相关现象的统一解释应对受格者名词和授格成分都提出要求，不但名词要得到格，而且授格者应当将其指派格位的能力释放出来，这样得到了扩充的格位理论。

扩充格位理论（徐杰 2001：91—96）：

A. ＊如果有词汇形式但没有得到格位指派

B. ＊必选性格位指派者，如果没有释放自己的格位能量

扩充的格位理论不仅在理论上可行，而且在实践上也可以归纳和解释大量的语言事实。①

第四节 本书的研究意义

首先，本书定义了由形式上判定的句子功能，句子功能是具有成

---

① 扩充的格位理论与最简方案中的特征核查有一致性，应当可以看作是特征核查的早期萌芽。参看徐杰（2001：91—96），司罗红（2009）等相关论述。

句性并且在线性结构上有形式体现的非线性功能特征。首先，句子功能在性质上应当具有成句性，能够促使具有表述性的成分转换为句子；句子功能在线性语法形式上有所体现，这一体现是句子功能通过有限的句法操作手段在句子的三个敏感位置实例化和具体化的结果；并指出一个句子应当只具备一个句子功能，不同的句子功能在同一句中应当相互排斥；由形式上确定了句子功能的范围，结束了长期以来大家对句子功能的模糊认识，使句子功能这一语法学概念回归语法学，使句子功能的性质、范围和语法作用清晰可见，研究有实物，判定有标准。

其次，本书不但判定了句子功能的范围，而且指出所有的句子功能在深层结构中应当为一系列的特征，这些特征通过有限的句法操作手段，在有限的句法位置得到实例化，是一种语言的共性，这一共性简单清晰，凌驾于各种语言之上，对各种语言产生一种居高临下的约束力和统摄力，更容易解释和分析各种表面可见的语法现象。

最后，本书对疑问、祈使、条件三种句子功能分别进行了个案分析，提出疑问句、祈使句、条件句在语言中存在共性，各种语言的差异只是句法操作手段，句子敏感位置不同参数设定的外在表现，同时对诸如祈使句的主语问题、汉语疑问句的多样化问题、特指疑问词在条件句中不表疑问等具体问题提出了合理解释和解决方案。

本书以句子功能这一特定的语法范畴为研究对象，以形式语法的各种理论为背景，立足于汉语语法事实的坚实基础，发掘句子功能的实例化特点，在援引汉语方言、汉藏语系的少数民族语言，以及英语、法语、韩语、日语等外语语料的基础上进行对比和概括，认为在句子功能这一功能性问题上各种语言的共性远大于个性，各种具体的差异只是句子功能选择实例化的手段和位置的参数差异，这一共性为我们进一步解释语言习得机制这一神秘的语言学问题做出贡献。

第五节　本书的语料来源

本书所关涉和参考的语言有：

汉语普通话

汉语的方言

国内的少数民族语言，主要来自《中国的语言》和《中国少数民族语言简志》

藏缅语族：藏语、独龙语、载瓦语、哈尼语、普米语、景颇语

苗瑶语族：苗语、瑶语、布努语

侗傣语族：傣语、布依语、水语

国外的语言：英语、法语、意大利语、冰岛语、日语等

本书的汉语例句部分为作者内省，部分援引其他著作都一一注明了出处，部分例句来自北京大学语言学现代汉语语料库，外语和少数民族语言多来自其他相关著作，文中都标明了出处或作有说明。

第二章

句子功能的性质和作用

第一节　句子功能的性质

　　前人研究句子功能通常指句子的功能分类，句子分类的依据和标准又常常是句子的语气和句子在交际中的作用，因此常常将句子功能这一语法问题同语音、语用甚至是逻辑和修辞中的特征等同和联系起来，是一种舍语法而就其他的研究思路，对句子功能这一极其重要的语法概念没有准确的表达和概括，影响了对句子功能的深入研究。

　　句子功能是一个典型的句法问题，句法学意义下的句子功能是一系列的功能特征，这些特征在句子中居于核心位置，决定了句子的性质；同时，这些特征要通过有限的句法操作手段（主要是添加、删除、移位和重叠等）在有限的句法位置得到线性实例化，从而在显性层面得到句法上的体现。没有通过句法操作在显性层面得以体现的句法特征不是句法意义下的句子功能。通过句法操作手段来表达，但不处于句子的核心位置，不决定句子性质的特征也不是句子功能。处于核心位置决定句子性质和通过句法操作手段实例化是判断句子功能的标准和依据。

第二节　句子和句子功能

　　要对句子功能做深入的研究就必须对句子的内涵和外延作出明确

判定。句子、小句和短语是语法学界最常用的术语之一，但是对三者的内涵和外延，特别是对句子的定义和定性由于学者的学术背景、观察角度等因素的不同而表现出一定的差异。为了更准确地讨论句子功能，我们必须对三者的含义和关系作一次梳理。句子是句子功能存在的基础和依托，只有在句子的基础上讨论句子功能才有意义，不然句子功能难免被扩大到"小句功能"或者是"短语功能"。

一 句子的定义

句子是语言交际的最基本单位，是语法研究的最主要对象。但是对句子的句法学定义好像并不十分容易，虽然语法学家对句子这一语法实体有很大的共识，但是对句子外延的看法仍有很大的区别。

（一）英语语法学界对句子的定义

纳斯菲尔德（Nesfied）在《英语语法概要》（Nesfield 1961：128—129）中将英语中所有的句子分为三类：简单句、多重句和复杂句，其中与我们讨论的句子相关的是简单句和复杂句。简单句是只使用了一个限定动词的句子或者只能做如此理解的句子；复杂句是由一个主要子句（包括了主要动词的句子）和一个或多个从属的子句组成，所谓的限定动词是指在人称、时态等方面可以发生屈折形态变化的动词。

叶斯丕森（Jespersen）在《语法哲学》（2009：305—308）中指出，虽然在实际操作中语法学家往往趋同，在判断句子时几乎毫不费力，但他指出，"我决不仿效那些把包含一个主语和一个限定动词的句子叫作正常句的学者，这样的句子在平稳、顺畅、不带感情的文章中可能是正常的；而一旦话语受到强烈感情的影响，句子成分及语序的变化幅度就会很大，从而跨出这个正常模式所设定的范围"。叶斯丕森给句子的定义是，"句子是一个（相对）完整的独立的人类话段，其完整性和独立性是有独立成句的形式"。

乔姆斯基（1957）认为在深层形式中，句子是由一个名词词组和一个动词词组组成，可以概括为 S→NP + VP，并且只要这些词组能够进一步重叠和转换，那么句子的概念在表层就可用得以确定。

英语中句子的确定主要是通过限定动词，有限定动词和名词短语组成的一般是句子，而汉语中动词的限定与否很难确定，所以汉语句子的定义更难确定。

（二）现代汉语中的句子定义也不是十分清晰

虽然大多数的教材和学者都认可"句子是最基本的语言交际单位"这一概念，并且指出表达一个意思至少是一个句子。也可以说句子是最小的言语单位。这种定义虽然能大概明确句子的研究对象，但完全从功能和意义的角度对句子进行定义在现在的语法研究中难免受到质疑。

早期的汉语语言学受到西方语言学理论模式的影响，建立的语法体系几乎与印欧语的语法体系一模一样，因此早期学者给句子的定义也自然与西方语言学中的定义极其相似，但汉语作为缺乏形式变化的语言，西方的句子定义不一定适用。

黎锦熙（［1924］2007：1—3）在《新著国语文法》中建立了以句子为中心的句本位语法系统，将句子作为语法分析的基点和检验场。但在《新著国语文法》中并没有给句子一个清晰、可操作的定义，黎锦熙（［1924］2007：1—3）只是说"能够表示思想中一个完全意思的叫做句子，称为句"。黎锦熙这一定义完全从意义出发，没有形式上的标准，对于判别句子并无实质性的帮助。

赵元任（1979：42）专门设立了一章讨论句子的概念。他明确指出，"句子是最大的语法分析上最重要的语言单位"。在形式上，句子是"由停顿划定其界限的言语片段"。赵元任有创意地将句子分为整句和零句，认为整句由主谓两部分组成，在连续话语中最为常见，而零句没有主谓结构，零句常出现在口语中，在口语中零句占有更重要的地位。

朱德熙先生（1982：21）给句子的定义是，"前后有停顿并且带有一定的句调表示相对完整意义的语言形式"，并认为句子在结构上和词组具有一致性。句子只是词组的运用，并在此基础上建立了词组本位，认为通过词组的分析可以兼顾句子。

邢福义先生（1996：13—15）指出小句和复句都是句，句子这个概念在广义用法时表示所有的句，在狭义用法时表示小句；又指出小句是最小的具有表述性和独立性的语法单位。在外延上主要指单句，也包括结构上相当于或大体相当于单句的分句，并且将充当句子成分的主谓结构排除在小句之外。

本书研究的句子在外延和内涵上与邢福义先生定义的小句的外延与内涵相一致。

二　句子与短语的区别

虽然学者们对句子的定义并不相同，但是对句子外延的理解大部分是相互重合的，所以可以通过直接举例的方式表示句子的外延。这一基础是建立在句子和短语（主要是主谓结构）之间有明显差别这一语法事实之上的。

（一）汉语句子和短语的区别

有学者特别是朱德熙先生（1983：6）认为：英语的句子和短语之间的区别很大，而汉语的句子和短语之间具有一致性。汉语的句子不过是短语的运用，并将这一特点认定为汉语区别于印欧语的攸关全局的两个重大特征之一①。朱先生认为由词到短语是一种组合关系，而短语到句子是一种实现关系。他在词组的基础上研究句子，并建立了著名的词组本位理论。但朱先生也指出，句子研究不是短语研究，两者之间有区别。

句子和短语的最大的区别在于句子的表述动态性和短语的构件静态性。句子是语言交际最基本的语言单位，一方面与语法相联系，另一方面为语用、语义等外部语言环境所制约，因此句子是动态的，具有表述性的语法单位。邢公畹先生（1979）就打过一个很好的比方：

---

① 朱德熙（1983：6）认为汉语攸关全局的特征有两个，一是汉语词类与句法成分之间不存在简单的一一对应关系；二是汉语短语和句子的结构基本一致。

"词和词组好比是零件、部件、机器，句子的使用好比机器的运转。"机器的正常运转要有合格的零件和部件，同时也少不了润滑油和理想的工作环境。因此，句子常出现短语所没有的成分，例如提示成分、独立性成分等。

在形式上，汉语的句子和短语最大的区别是有无句子语气，有的学者称之为语调。一个句子要表达都必须包含句子语气，口语中的句子自然也必须通过一定的语调表达出来。可成句的词和短语加上句子语气就构成了句子（小句），句子减去句子语气等句子所特有的成分就是一个短语。邢福义先生（1996：3）明确指出现代汉语的语法实体有七种，其中就包含句子语气，并且指出句子语气是一种与其他语法实体不同的非音节实体。"句子语气反映了说话人的主观态度和主观情绪，跟特定的句调相联系……"语气是致句实体，它使得小句得以成立。邢福义（1996：25—31）同时还指出："小句是句，每个小句都带有特定的语气。""句子语气不包含词和短语，词和短语都不带句子语气。""词和短语之间没有直接联系，词或短语，一旦带上语气，便成了小句。""句子语气粘着于小句直接构件从而形成小句。"例如：

（1）他回家了吗？
（2）他回家了。
（3）他回家的消息。
（4）我知道他回家了。

例（1）和例（2）中的"他回家"带有不同的语气分别成为疑问句和陈述句，而例（3）中的"他回家"被包含于短语之中没有句子语气，只能是短语，例（4）中的"他回家"充当动词"知道"的补足成分，不能独立使用，没有句子语气。例（1）和例（2）中的可以独立运用，而例（3）和例（4）中的"他回家"只是一个构成短语的构件成分，不能独立运用。

"暂拟中学教学语法系统"也指出"句子由短语和词组成，每个句子都有一定语气、语调"。申小龙（2003：151—156）认为，"句子在词和词组的基础上附加了语气词、语调等有交际意义的表达手段。任何语言的句子都有语调，语调的不同类型常常表示不同的交际意义"。

停顿也是区别句子和短语的重要标准，一般来说句子的两端都带有语音上的停顿。朱德熙先生（1982：21）就指出，"前后都有停顿，并且带着一定的句调表示相对完整的意义的语言形式"。可见两端的停顿在区别句子和短语时也有重要作用。

句子语气和停顿都要求句子的独立性。所谓独立性是指一个句子不能被包含于其他句子中充当其他句子的某种成分。当句子被包含于其他句子作句法成分就失去了独立性也就不是句子了，也就不能再有停顿和句子语气。例如：

（5）他去北京了。
（6）我知道他去北京了。

例（5）中的"他去北京了"能独立运用，不包含于其他句子，因此两端有停顿，附着有句子语气，是典型的句子，而例（6）中"他去北京了"充当"知道"的补足语成分，因此它两端没有停顿，不包含句子语气，因此也不是句子。除了句子语气和停顿，句子还包含有许多短语没有的成分。张斌主编的《现代汉语》（2002：389）指出句子由于是动态的，受到语用的影响，常常包含短语所不具备的外位成分和插入成分。这方面描述最详尽的是邢福义先生（1995），他在《小句中枢说》中指出小句除了包容短语所具备的种种结构外，还有句子特有的因素，除了语气还有复句关系词语以及与语用有关的独立成分和外位成分、成分逆置现象和成分共用现象。这些因素虽然是句子特有的，但在判断句子的外延时作用不大。

（二）英语句子和短语的区别

英语中句子同短语之间的区别主要体现在动词的形式上。英语句子的谓语动词要采用有屈折变化的定式结构，动词要随人称、时态的不同发生屈折形态变化，而英语短语中的动词只能采用不定式动词形态，不发生人称时体的变化。例如：

  （7）He comes from China.

  （8）come from China

例（7）中的动词"come"发生了时体和主谓一致的变化，由"come"变为现在时态和单数第三人称形式"comes"附着了屈折形态"– es"，因此（7）是一个典型的句子。例（8）中的动词"come"没有发生时体和一致的变化，因此这个结构只能是一个短语。

在英语等印欧语中动词是否采用有屈折变化的有定式形式是判断句子和短语最重要的标准。① 具有屈折变化的定式动词就是句子，反之，动词不能发生屈折变化就是充当句法成分的短语。

三　小句

从上面的论述我们可以明显地看出，英语中句子和短语的区别主要表现在谓语动词是否发生了屈折形态变化；而汉语中句子和短语的区别则最主要表现在是否有独立性，能够独立运用。前后有停顿并且附带有句子语气的是句子；反之，不能独立运用，包含于其他句子之中充当句法成分，没有句子语气的结构是短语，不是句子。而用两种判定方法判断作宾语和主语时的主谓结构却出现了问题，汉语和英语中意义和结构都相同的从句结构被判定为两种不同性质的内容。例如：

---

① 有学者认为汉语中的动词也有定式和不定式的区别，这里暂不评述。

（9）我知道［他去了］。

（10）I know［that he goes］.

（11）［他去北京］的消息已经传遍了。

（12）The news［that he went to Beijing］was known by us.

按照汉语句子和短语的区别标准，括号中的成分"他来了"和"他去北京"不具有独立性，包含于其他句子和结构之中，因此没有句子语气，不可能是句子。邢福义先生在《汉语语法学》中特别指出："作动词宾语的主谓结构，由于是句法成分，因此失去了独立性，缺乏句子语气，因此不能是句，只能是短语，句子和主谓短语之间并没有必然联系。"（邢福义1996：25—31）与汉语相对应的英语的从句中的动词却发生了时态和一致形态变化，例（10）中的动词由"go"附着了一般时态单数第三人称的屈折语素"- es"变为"goes"，例（12）中的动词"go"由于时态的原因变为"went"，因此在英语等印欧语中普遍认为括号中的部分"that he goes"和"that he went to Beijing"都是一个句子。

仔细分析我们不难发现，虽然作宾语的结构"他去了"不是独立的句子，但是它与完整的句子在结构上并无太大区别；与一般的主谓短语相比，它的动词附加了表示时体的"了"①。英语中的"that he comes"虽然动词发生了屈折的形态变化，可以分析为句子，但是与普通的句子相比，"that"为首的句子只能出现在从句中，从来不出现在主句中，不然句子就不合法。例如：

（13）* that he comes

（14）* that he went to Beijing

例（13）和例（14）都是不合法的句子，原因就在于句首出现了

---

① 陆镜光、邓思颖等认为独立是一个连续体，因此将这些也看作句子。

标句词"that"，或者说"that"出现了在了主句中。根据结构主义语言学大师布龙菲尔德（1944：170）对英语句子的定义："在英语以及许多别的语言里，句子凭籍语调来区分。"这个句子"that he comes"没有明显的语调，因此也不能算作非常标准的句子。

这种充当句子成分的"句子"，没有独立成句，但又比短语多出许多诸如时体等内容，我们可称之为小句。小句的概念在许多语言学家都运用过，但表达的内涵并不完全相同。吕叔湘先生（1979：23）对小句和句子有专门的说明，"小句是基本单位，几个小句组成一个大的单位即句子"。"小句包括不包括有的书上叫做子句、有的书上叫做主谓短语的那种组合，权衡得失似乎还是叫做主谓短语从而排除在小句之外好。"可见吕叔湘先生认为小句是语言的基本单位相当于独立运用的句子。但是在翻译赵元任的《汉语口语语法》时，吕叔湘先生将赵元任先生称之为 clause 的结构，包括直接充当句子成分的主谓短语、复句中的小句、从属小句以及单句都称之为小句。

邢福义先生（1995）提出小句中枢说，在开始就指出，"本书借用了'小句'这个现成的术语，但有特定的内涵和外延"。邢先生的小句在内涵上是指最小的具有表述性和独立性的语法单位。在外延上是指单句和相当于或大于单句的结构，将充当句法结构的主谓短语排除在小句之外。

本书中的小句主要是指一种介于句子和短语之间，具有表述性但不具有独立性的语法单位，在外延上主要是充当句法成分的主谓结构，相当于英语句法中的充当分句的子句，与屈承熹（1996）、吕叔湘（1979：23）、邓思颖（2010）中所指的小句在内涵和外延上大致相当。

小句与短语相比，具有短语所不具有的时体成分等内容，通常是主谓结构，具有表述性；与句子相比，小句不具有独立性，不能独立运用，缺少句子所特有的成句因素和语用因素。

第三节　句子功能的内涵

句子功能 = 句子 – 小句

短语、小句和句子是不同的句法单位，短语由词组成，是一种静态的备用单位。短语没有表述性；在英语等具有屈折变化的语言中，短语通常没有时态和人称的屈折变化，采用不定式形式出现。小句是充当句子某种句法成分的主谓结构，从形式上看，小句和句子没有太多的不同，小句的动词能够发生时态、一致性等屈折变化，与静态的短语相比小句具有表述性。但是小句只能充当句法成分，不能独立运用，因此不是句子。我们可以用下面的公式表示短语和小句之间的关系：

短语 + 表述性 = 小句

句子是最小的具有独立性和表述性的句法单位，要表示一个意思最少是一个句子。与具有表述性的小句相比，句子能够自由的运用，句子独立运用是句子所特有的句法特征决定的。具有表述性的句法结构与能够促使其独立运用的句法特征结合，独立运用便形成了具有独立性的句子。我们可以用下面的公式表示：

小句 + 功能性特征 = 句子（功能性特征促使小句独立。）

句子功能应当是句子所特有的，能决定句子性质的语法特征；它正是句子和小句之间的差异，由上面的公式我们不难得出：

功能性特征 = 句子 – 小句

从小句到句子不是简单的独立性的转化，不是一种实现关系，而是由某些句法特征作用的结果，这些特征在深层结构中没有语音形式，但是它们可以在句子的线性层面得到体现，可以借助语音、词汇、句法等手段实例化。这些功能性特征促使小句独立运用为句子，决定了句子的性质，应当就是句子所特有的句子功能，我们可以用下面的公式表示：

句子功能 = 句子 – 小句

小句 = 短语 + 表述性

所以我们还可以推知：

句子功能 = 句子 – 表述性 – 短语

我们可以以疑问特征来说明句子功能的性质。疑问特征是语法学界所普遍认可的典型的句子功能。它可以通过疑问句减去小句的方式得到，也可以用疑问句减去短语和表述性的手段得到。我们以疑问句"你回过家吗？"为例进行说明。"你回过家吗？"只能是独立的句子，不能是充当句法成分的小句。"你回过家"可以充当句法成分，不独立运用。疑问句"你回过家吗？"与小句"你回过家"之间的差异是句尾的"吗"。"吗"促使小句转化为独立运用的疑问句，而"吗"的出现是疑问特征实例化的结果，"你回过家吗？"可以表示为"［+Q］你回过家"。与小句"你回过家"相比，疑问句所特有的因素就是疑问特征［+Q］，这一特征就应当是句子所特有的句子功能。

英语中的疑问句是通过助动词移位的手段得到体现，形成助动词在前，主语在后的倒装语序，移位产生的疑问句只能是独立运用的主句，不能是充当句子成分的小句。例如：

（15）　a Will you come tomorrow?

　　　　b * I want to know will you come tomorrow.

充当句子成分的疑问句只能使用标句词"if"或者"whether"引导的正常语序。例如：

　　　　c I want to know if you will come tomorrow.

独立运用的疑问句和充当句法成分的小句之间的差异是助动词的移位，助动词移位的根本原因是句子所具有的疑问特征实例化。句子"［+Q］you will come tomorrow"与小句"you will come tomorrow."之间的差异［+Q］应当是句子所特有的因素，也就是我们要研究的句子功能。

第四节　X—阶标理论与句子功能

传统句法特别是描写主义将句法结构分为向心结构和离心结构两大类。至少有一个直接成分与整体结构的句法功能相同的结构是向心结构，向心结构中与整体功能相同的直接成分是这个向心结构的核心。所有的直接成分都跟整体的句法功能不同的结构是离心结构。例如，定中结构"美丽的花"中，"花"的句法功能和整体结构"美丽的花"具有一致性，都能够充当句子的主语、宾语等句法成分，因此定中结构是以中心语为核心的向心结构。

朱德熙（1984）指出："主谓结构的句法功能跟它的两个直接成分（主语和谓语）都不一样，所以是离心结构，所有虚词组成的句法结构如：介词结构、'的'结构等也都是离心结构。"

乔姆斯基的形式句法认为所有的语法结构都是向心结构，离心结构在形式句法中没有合法地位。在此基础上 Chomsky（1970）、Jackendoff（1977）等归纳出 X 阶标程式，用 XP 概括和抽象不同类型的短语。当前 X—阶标理论已经是形式语法最成熟的理论之一。

作为向心结构产物的 X—阶标理论规定，所有的最大投射 XP 都必须包含一个与之同类的中心语 X。或者说中心语 X 投射的最大扩展最终形成与之功能相同的最大投射 XP。这里的 X 是一个不定变量，可以用不同的语类代替。X—阶标有下面的程式①：

若 X 为名词则名词的最大投射 NP 是以名词 N 为核心的②，名词短语中包含了中心名词 N 和标志语（限定成分 D）；若 X 为动词，则

---

①　X—阶标程式中心语的位置有参数的变化，可以在左也可以在右，在结构中还可以出现附加语。参看温宾利（2002：68—77）、何元建（2007：39—41）等。

②　最近最简方案研究认为名词性短语在本质上是限定词 D 的最大投射 DP 而不是 NP，我们按照管约论中的 NP 进行分析。

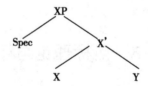

最大投射 VP 是以动词 V 为中心，包含标志语和动词补足语①。

小句一般是主谓结构，它的句子功能与主语和谓语都不相同，因此传统语法将其看作离心结构。X—阶标理论认为小句也是一种向心结构，小句的中心不是传统语类，而是一种功能语类"I"。小句在本质上就是以功能语类"I"为中心的最大投射 IP，"I"在语言的表层表现为动词的时体特征和一致性特征，是附着于动词的屈折形式，因此英语小句"He eats an apple"就有下面的结构。

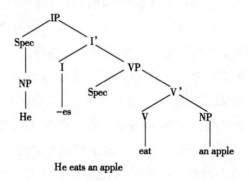

He eats an apple

处于句子中心位置的动词屈折形态"– es"表示时态和人称，在表层结构中和动词结合，重新拼写为"eats"形成句子的表层结构"He eats an apple."。

小句是以时体特征和一致性特征的屈折语素"I"为中心的最大投射 IP，但是小句并不等同于独立运用的句子，早期的形式语法中将句子和小句都看作 IP，后来认为句子也是功能范畴的投射，不过应当是以标句词"C"为中心的最大投射，句子在本质上就是一个标句词短语"CP"。因此句子就有下面的结构：

---

① 按照主语在动词内假说，动词结构的标志语位置是主语原本的位置，由于无法得到格位指派发生了移位。

CP 处于句子的最高位置管辖整个结构，国内将句子看作标句词结构，但是 C 是句子所特有的内容，处于句子的中心位置，决定句子的性质，正是我们所研究的句子功能。我们可以认为出现在 [C，CP] 位置的特征是作用于全句的句子功能。

第五节　标句词与句子功能

从句在本质上是标句词的最大投射 CP，标句词出现在从句核心位置 [C，CP]，标示了从句的性质；句子也是功能短语的最大投射 CP，句子功能也出现在句子的核心位置 [C，CP] 决定句子的性质，因此学者们就将标句词和句子功能等同起来处理，这种处理思想有助于将主句和从句作统一的处理，简化了语言分析的对象，对语言研究有非常重要的意义。但是我们也应当清楚地看到主句和从句之间并不完全相同，标句词和句子功能之间有明显的差异。

一　标句词的性质

标句词（complementizer；C 补语标句词）是指某些分句的引导词，在传统词法中被称为从属连词，用于名词性分句、形容词性分句和状语分句中；标句词只指那些名词性分句和不定式分句的引导词。一般认为英语中的标句词有四个 "that、if、whether 和 for"（温宾利 2002：93—95）。例如：

(16) I thougt (that [he could't come])

(17) I wonder (if /whether [he can come])

(18) Her parents are anxious (for [him to merry her])

标句词引导的分句作动词或形容词的补足语成分，不同的标句词具有不同的意义，that 和 for 引导的分句具有陈述意义，而 if 和 whether引导的分句具有疑问性。处于分句核心位置的标句词在整个标句词小句中起着决定性的作用，因此作为补足语成分的标句词从句可以视为以标句词为中心的最大投射。标句词短语 CP 可以概括为：标句词 C 以 IP 为补足语成分，共同受 C' 的支配，C' 与其标志语 spec 共同构成最大投射 CP。

二　标句词与句子功能的差异

（一）标句词不标识主句

英语中的标句词出现在标句词短语中，标句词短语在英语中只能充当动词、形容词的补足语成分，标句词不能出现在主句（root sentence）中，例如下面的句子都不合法：

(19) a * That he will merry Mary.

　　 b He will merry Mary.

(20) a * If he will merry Marry?

　　 b Will he merry Marry?

例（19）中的标句词 that 标识的是陈述功能，但是出现在陈述性的主句中时句子不合法；例（20）为表示疑问的主句，当标句词 if 出现在主句的"C"的位置时句子不合法，独立运用的疑问句在英语中只能用"I—C"移位的办法使助词"will"由原来的"I"位置移动到"C"位置来表达。

主句中有句子功能，但这些功能不能由标句词来表示，主句不能用标句词标识的原因很少有研究。许多学者认为，句子是以标句词为中心的投射，但在主句中"C"常常可以省略不出现，省略的成分一般可以补充出来，但是当主句中补充出标句词"that"时，句子"that he will merry Mary"不合法。可见，陈述功能和标句词"that"并不完全相同。

如果说陈述句主句中的"C"位置可以省略，那么疑问句中的句子功能疑问特征必须得到体现，但是在疑问从句中表示疑问的标句词"if/whether"也不能出现在句子［C，CP］的核心位置。例如：

(21)　a　* If you will come?

　　　 b　* Whether you will come?

可以说陈述句标句词和句子功能并不是同一种范畴，每个句子都有句子功能，但不一定要使用标句词来标记，句子功能是句子的核心特征，是没有语音形式的功能特征，这些特征要通过实例化才能表现，而标句词是一种功能语类，在英语中只引导名词性和形容词性的小句，不能出现在有句子功能的主句中，可见，标句词和句子功能不是相同的语法范畴。

英语的标句词不出现在主句中，主句还是不是CP？有学者认为主句中不出现标句词，应当分析为以屈折成分为中心的IP，将主句分析为非标句词成分。我们认为虽然主句中没有出现标句词，但是句子功能是句子的必有因素，每个句子都必须包含句子功能，因此主句也是CP，不过占据其核心位置的是句子功能而不是标句词"C"。

(二) 句子的核心位置"C"占据也可以被其他语类占据

英语的疑问句与陈述句有明显的不同，疑问句在英语中只能使用谓首移位的手段来表达，句子的核心［C，CP］不是由标句词占据，而是由从句子的［I，IP］位置移位来的成分占据，这种成分可以是时态助词、情态助词，甚至是动词。例如：

（22）John should study Mandarin in Beijing. （陈述句）

（23）Should John study Mandarin in Beijing? （疑问句）

从线性结构上看，助动词 should 从动词 study 之前的位置移位到了句子开头的句首位置。从树形图上看，助动词 should 从 IP 的中心 [I，IP] 位置移位到了 CP 的核心位置 [C，CP]。如图：

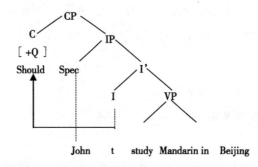

Should 通过移位由原来的底层结构 "John should study Mandarin in Beijing?" 变为疑问句 "Should John study Mandarin in Beijing?" 这时的 Should 占据了所谓标句词的位置，但是我们知道 "Should" 是典型的助动词不是标句词。

在古英语中和法语疑问句中占据 [C，CP] 位置的还可以是实意动词。例如：

古英语例（引自 Radford 2000：225）：

（24）Saw you my master?
　　　看到 你 我的 主人
你看见我主人了吗？

法语例（引自董秀英、徐杰 2009）：

（25）Travaillez vous aux Etats - Unis?
　　　工作 　你 　在 　美国

你在美国工作吗？

句子虽然没有标句词，但是句子功能疑问特征依然在线性语音上得到体现，不过体现句子功能的不是标句词，而是通过移位手段形成的不同语序，可见句子功能与标句词不是同一事物。

（三）句子功能可以通过句法手段实例化，不一定使用标句词

句子功能是一系列的特征，决定句子的属性，可以通过添加标句词的手段进行实例化，同时也可以通过诸如移位、重叠等其他句法操作手段进行实例化，在线性结构上得到体现，标句词只是一种句子功能实例化的手段而不是唯一的手段。

汉语中的疑问特征可以使用添加语气词"吗"的手段实例化，形成"吗"问句，也可以使用重叠的手段实例化，在线性结构上表现为正反重叠的正反问句。例如：

（26）你回不回家？

（27）你前天去没去开会？

（28）他会不会开汽车？

英语中的标句词"if"和"whether"是标识英语疑问句的标句词，但英语的疑问句只能使用移位的手段，形成助动词在前，主语在后的倒装语序，而不能使用标句词"if"和"whether"。例如：

（29）Will you marry me?

（30）What will you buy?

（31）Does he come from China?

添加标句词可以使句子功能实例化，但句子功能还可以通过其他句法操作手段进行实例化。

因此句子功能和标句词虽然有相似之处，但将两者等同起来并不

恰当。

（四）汉语中的标句词与英语不同造成的困惑

汉语语法的研究受到形式句法学的影响，用当代语言学的前沿理论研究汉语的语法事实取得了巨大的成就。汉语中是否也存在标记词，如果有，标记词的性质和范围是什么的问题得到形式语法学者的关注。

汤延池（1984）认为句法中扮演重要语法角色的标句词在汉语中以语气词（句末助词）的形式出现，汉语的句末语气词是标句词。Cheng（1991）将汉语中的"呢"分析为疑问句的标句词。司富珍（2002）、刘丹青（2004）指出汉语中的说讲动词、北方方言中的"说"、南方方言中的"讲"以及古代汉语中的"道"都能够引导内容宾语，因此是汉语中的标记词。司富珍（2002）指出现代汉语中的"的"也是标句词。刘丹青（2008：33—34）指出古代汉语中的"之"和"所"也都具有标记词的性质。

将汉语中的句末语气词分析为标句词，将句末语气词和标句词对等起来，在句法研究中难免会出现困惑：

1. 英语中的标句词只能出现在从句中，不能出现在主句中，而汉语的语气词则只能出现在主句中不能出现在从句中

英语中的标句词"that"标记小句是陈述性功能，但是陈述性的句子不能使用陈述性标记词"that"。例如：

（32）a I know that he comes from China.

b * That he comes from China.

汉语中的句末语气词只能出现在主句中，而不能出现在从句中，不然句子就不合法。例如：

（33）a 我知道他来自中国啊。

b * 他来自中国啊我知道。

作为句末语气的"啊"分析为主句的语气词时句子合法，但是出现在从句的句尾，分析为从句的语气时，句子不合法。英语中的标句词只出现在从句中，而汉语中的句末语气词只出现在主句中，两者之间有巨大的差异。

2. 汉语中的语气词可以出现在不同的句类之后

英语中的标句词与所标识句子类型之间是一种对应关系，"that"标记陈述从句，"if"和"whether"标识疑问从句，"for"标识不定式从句。现代汉语中的语气词与句类之间并不存在简单的对应关系，不同的语气词可以标记相同的句类，同样的语气词也可以用于不同的句子类型。例如：

（34）你快点走呀/吧/啊/呵！

祈使句"你快点走！"可以不用语气词，也可以使用语气词"呀、吧、啊、哦"的等词。语气词"吧"可以用于陈述句、祈使句，也可以用于疑问句。例如：

（35）这次算你正确吧。（陈述句）
（36）帮帮我的忙吧。（祈使句）
（37）这座房子是新盖的吧？（疑问句）

将汉语中的语气词和英语中的标句词全等起来，就必须面对下面的困惑：汉语的句子可以用不同的标句词进行识别，同一个标句词可以有不同的性质标识不同类型的句子。

如果汉语中的言说动词：说、道、讲等也是标句词那么还必须面临汉语中的标句词是居前还是居后的问题，如果"的"是标句词，那么汉语的标句词是否有居中的参数设定也是有争议的问题。

三 句子功能 C_1 与标句词 C_2

标句词出现在从句的［C，CP］位置，以 IP 为其补足成分；句子

功能出现在主句的 [C，CP] 位置，也是以 IP 为其补足成分，两者在补足语方面具有一致性。但是正如我们指出的，句子功能和标句词之间存在巨大的差异，句子功能是独立运用的句子所必有的内容，而标句词只能出现在从句中，不能在独立的句子中使用，两者是不同的句法范畴，应该区分开来。

将标句词与句子功能区别开来，将句子功能表示为 C_1，标句词表示为 C_2，能够解决上面所涉及的问题，而且能够进一步加深对标句词和句子功能的理解，有助于研究的深入。

句子功能 C_1 是独立句子所特有的功能特征，它的主要作用是完句作用和标识作用，所有的句子都应当有句子功能 C_1，不然句子就不能成立，不能独立运用。标句词 C_2 标识的小句有表述性，但是小句不能独立运用，所以标句词在本质上标明的是不具有句子功能的小句，当句子没有句子功能时要使用标句词 C_2。①

句子功能和标句词区分开来，独立运用的句子应当是句子功能 C_1 的最大投射 C_1P。C_1 是没有语音形式的语法特征，决定了句子的性质，促使句子发生转变，进入表层结构独立运用。充当句法成分具有表述性的小句，不具有句子功能，是标句词 C_2 的最大投射 C_2P 两者在句子中的结构如下图所示。

从树形图不难看出句子功能 C_1 是独立句子所特有的范畴，处于句子的最高位置管辖整个句子，决定句子的性质。标句词 C_2 出现在小句的最高位置，标识从句的性质。两者是不同的语法范畴。将两者区分处理可以解决许多原本有争议的问题。

四　相关问题的解决

（一）英语间接问句不移位的问题

英语中的疑问句通过移位的手段使处于 C_1 位置的疑问特征 [+

___

① 标句词 C_2 使用的目的有待进一步的研究，我们认为其作用是将具有 [+V] 性的 IP 转化为没有句子功能但具有 [+N] 性的 CP，充当句法成分，满足句法对主宾语 [+N] 性的选择要求。

Q］得到实例化，由深层结构进入浅层结构，在表层结构中形成一种助动词在前主语在后的倒装语序。例如：

（38）Will John marry Ann? ← ［+Q］John will marry Ann

（39）Who will John Marry? ← ［+Q］John will Marry who

　　通过树形图我们可以清楚地看出，疑问句发生移位的根本原因是由于在句子的核心 C_1 有疑问特征 ［+Q］这一句子功能。助动词在前，主语在后是句子功能通过移位实例化的结果。

　　但是含有疑问代词 who 的小句出现在补语位置，构成的间接问句中，助动词却不能发生移位，不然句子就不合法。例如：

（40）＊I Know who will John Marry.

（41）I Know who John will Marry.

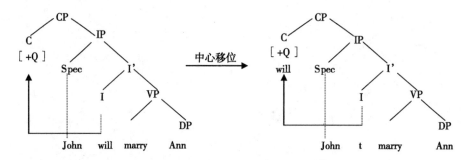

在疑问句中，疑问代词由小句的宾语位置移到了小句的句首，但是在疑问句中要产生的助动词 will 的移位在这里并没有发生，will 还处在原来的位置。①

我们认为虽然小句中包含有表示未知不定因素的疑问代词 who，但是小句不具有句子功能，因此在句法上 C_1 的位置是空的，间接问句的疑问特征是由疑问词的词汇性质决定的，在句法上没有特征。因此间接问句中小句的助动词不能发生移位。原因非常简单，小句不是独立运用的句子，不具有句子功能，will 发生移位的根本原因是全句功能 [+Q] 的特征决定的，是 [+Q] 特征在句法上表现的一种实例化手段。小句中没有句子功能，也自然没有疑问特征 [+Q]，所以 will 也就不用移位，不然句子就不合法。

英语中没有句子功能的小句可以用标句词 that 引导，在现代英语中 that 不能出现在间接问句中，但在古代英语中间接问句的 C_2 位置是可以出现标句词 that 的。例如：

(42) men shal wel knowe who that I am.

" Men will know well who I am. "

(Caxton1485, R67, in Lightfoot1979: 232, 转引自温宾利 2002: 234)

———————————

① 刘丹青认为这时的疑问代词 who 兼有标句词的功能，所以 will 没有发生移位，何元建 (2007: 188) 则认为动词兼任屈折语、疑问标记和标句词三种作用。

小句 who that I am 由于没有句子功能，因此它的核心位置被标记小句的 that 占据，疑问代词 who 由于自身的词汇特征移位到了小句的句首位置，但不是 C 位置，可见 who 并不是小句的标句词。疑问代词移位的原因有很多解释，我们认为是为了满足 who 所具有的量化成分居于句首，在逻辑式中得到宽域的要求。①

同样汉语中的小句也不能出现语气词，表示疑问的语气词"吗"出现在句尾只能理解为对主句的疑问，这是许多学者注意到的现象。通过将句子功能和小句分开我们可以很清楚地知道，作为动词补足语成分的主谓结构，失去了独立性，是小句不是句子，不具有句子功能。疑问标记"吗"的出现只能为了将主句的句子功能所有的疑问特征实例化，小句中没有作用于全句的疑问特征，自然也就不能出现语气词"吗"。

（二）主句中不出现标句词的问题

英语中的标句词只能出现在从句中，而不能出现在独立运用的主句中。主句中出现标句词则句子不合法。例如：

（43）a ＊That he comes from China.

　　　b He comes from China.

　　　c I know that he comes from China.

（44）a ＊If he comes from China?

　　　b Does he come from China?

　　　c I wonder if he comes from China?

由标句词"that"引导的陈述性的小句充当动词的补足成分时句子合法，但作为独立运用的句子时，句子却不合法，不使用标句词"that"的句子独立运用合法。说明标句词"that"只能出现在从句中而不能出现在主句中。同样作为疑问小句标句词的"if"和"wheth-

---

① 最简方案中认为疑问代词移位的目的是使疑问代词具有的［＋wh］特征得到核查。

er"引导的小句也只能充当动词的补足成分，疑问句只能采用移位的手段形成倒装的疑问句。

标句词不能出现在主句中，温宾利（2002：88—93）认为句子是以屈折成分为中心的"IP"，是非标句词结构，因此标句词不能出现在句子中。我们认为所有的句子都是 CP，不过句子是以句子功能为中心的最大投射 C_1P，而小句是以标句词为中心的 C_2P，两者具有不同的性质。C_1 是句子功能一系列相关的特征，促使句子独立运用；C_2 是标句词，其作用是封闭的，终止小句的扩展是一种边界作用，两者是不同性质的语法范畴。标句词是 C_1，不能出现在 C_2 位置自然也就不足为奇了。

（三）汉语中标句词居前还是居后的问题

汤延池（1984）首先提出了汉语的句末语气词是一种 C 语子，往往分析是标句词，并且在句法中扮演重要角色，支持这一说法的有 Cheng（1991），Li（李艳蕙）（1992）、胡建华、石定栩（2006），何元建（2007：180—186）等。郑良伟（1997）、刘丹青（2004）等也指出汉语的各种方言中也存在类似于英语标句词"that"的词项，如汉语北方方言中的"说"，闽南语的"讲"等标句词。司福珍（2002）认为汉语中的结构助词"的"也是标句词。各种说法不一而足。

汉语中的标句词就有出现在句尾表示语气的语气词，出现在句首的无意义的言说动词和处于句中的结构助词。那么汉语的标句词是居首、居后还是居中？还是处于一种特别的状态，可以居前也可以居中？[1] 这一问题一直是语法学界争论的问题。

汉语的中心语居前还是居后一直是语法界争论的热点问题，有学者认为语序和中心语的位置是同一参数化过程，两者之间有非常明显的和谐性，一种语言如果设定为中心语居前，那么它是典型的 VO 型

---

[1] 有人认为中心语居前和居后只能有一次参数化，有人认为中心语居前和居后可以多次参数设定，那汉语标句词的居前居后和汉语的语序是否和谐有待进一步研究。

语言，它的标句词也自然处于句子的左侧，如英语、法语等；如果语言的参数设定为中心语居后，那么这种语言是 OV 型语言，它的标句词也就肯定处于句子的右侧，例如日语、朝鲜语。中心语参数是否为一次设定的，是否必定和谐，有没有一种语言在 CP 中设定为中心语居后，而在 IP 和 VP 中设定为中心语居前？我们认为这在逻辑上没有问题，黄正德（1988）也认为汉语的 CP 和 IP 的中心是通过两次参数设定完成的。

对于同一单位例如 CP，是否可以在同一种语言中设定有的中心语在前，有的中心语在后呢？我们认为这不是一个理想的状态，因为儿童习得语言时就不能用同一原则统摄各种现象，而不能对不同的 C 进行强化，不符合语法原则的简单性这一特点。正常的情况常常是对于同一语类结构的中心语设定之后，就对所有这一语类生效，并且同时确定相关的补足语位置和标志语。

汉语的语气词被分析为 CP 的核心 C，这种语气词只出现在句尾，但是汉语中的"讲、道"等言说动词也被分析为与英语中"that"相对应的标句词，但"讲、道"在语言事实中只出现在句首。一种语言的同一语类结构又不能设定两次参数。不能出现"有些 C 居前，有些 C 居后"的参数设定。因此汉语 CP 中的 C 是居前还是居后一直以来就是一个争议大的问题。

这一有争议的问题出现可以用式子来表示：

> 因为汉语中语气词是标句词，出现在句尾，
> 所以汉语的标句词居后。
> 因为汉语中的"言说动词"是标句词，出现在句首，
> 所以汉语的标句词居前。

汉语的标句词居前又可以居后，与同一语类中心语不能设定两次参数相矛盾。

出现汉语中标句词居前还是居后的争论的根本症结在于将汉语的

语气词和无意义的言说动词"道"看作是同类，都给贴上了标句词的标签。前面我们说过，汉语中的语气词在本质上是句子功能的一种实例化手段，与标句词具有不同的性质。如果这种说法成立，那么汉语的标句词居前还是居后就不是一个矛盾的问题。

汉语的句子语气词是句子功能实例化的结果，处于 C_1 的位置，C_1 在汉语中处于句尾，而汉语中与英语相对应的标句词是无意义的言说动词"讲、道"在句法中处于 C_2 位置，居于 IP 之前，两者由于有不同的性质，因此属于不同的语类，可以有两次参数设定，汉语中的言说动词居前，所以汉语的标句词居后；添加的语气词居后，所以句子功能居后。

总之，虽然句子功能和标句词在生成语法中用相同的符号"C"表示，都以"IP"为其补足成分，但是句子功能出现在独立运用的句子之中，标句词出现在充当句法成分的小句之中，两者有不同的句法特点，是不同的句法范畴。

第六节　句子功能和句子语气

前人的研究一般认为句子的分类是按照意义为基础，以语气为标准，又认为句子的分类是句子功能的体现，所以将句子语气和句子功能等同起来。这种观点在教材中非常常见，例如，黄伯荣、廖序东（1991：97）指出，"根据句子表达的语气分出来的类型叫句类，拿语气为标准，句子可以分为四类"。孙汝建（1999：21—22）认为"语气是指说话人根据句子的不同用途所采取的说话方式和态度"，并且认为语气只有陈述、疑问、感叹和祈使四种。

语气是一个笼统的大类，邓思颖（2010）指出，语气是"各种情绪的表示方式"，可以包括"语态、言说行为或其他跟话语有关的特点"。而贺阳（1992）指出，"所谓的语气是通过语法形态表达的，说话人针对句子命题的一种主观意识"。从语义上看，语气是针对句中命题的再表述，表述的内容有时是说话人表达命题的目的，有时是说话人对命题的态度和评价，有时是和命题有关的情感；从形式上看，语气要通过语法形式来加以表现，这个语法形式必须是封闭的。

句子功能和语气相比有许多相似之处，如都存在于句子层面，都要用有限的语法形式来表现等，但是两者之间也有很大的差别。

一　句子语气和句子功能的差异

首先句子语气是说话人主观态度的体现，包含了非常多的内容，例如，贺阳（1992）就将语气分为功能语气、评判语气和情感语气三大类，这三大类又可以分为数十小类。齐沪扬（2002：20—21）将语气分为功能语气和意志语气。功能语气又可以根据说话人使用句子要达到的交际目的为依据，划分为陈述语气、疑问语气、祈使语气和感叹语气，这些功能语气的差别往往通过语气词作为形式标志。意志语气则又可以根据"表示说话人对说话内容的态度或情感"为依据，划分为可能语气、自愿语气、允许语气和料悟语气四类；助动词和语气副词往往是意志类比的形式标记。

句子功能则是有限的句法特征，这些句法特征是句子的核心，需要通过有限的句法操作在句子的三个敏感位置得到体现，句子功能虽然与说话人的主观因素有关，但不是与句子语气全等的句法范畴。

二　语气只能用语气词表示

句子语气的表现手段是采用添加语气词，添加的语气词可以是语气助词，也可以是语气副词，语气助词常用于句尾，语气副词则常用于句中。句子语气也可以由句中的助动词"能、会、愿意、应该"等来表示，但句子语气不能使用移位、重叠等句法操作手段来实现；而句子功能是句子所特有的句法特征，可以通过添加、移位、重叠和删除等有限的句法操作实例化，在线性结构上得到体现。我们以疑问为例进行说明，疑问语气可以分为询问语气和反诘语气，询问语气可以通过添加语气词"吗""呢"等方式在形式上得到体现。例如：

（45）你去北京吗？

（46）你去哪儿呢？

反诘语气可以用语气词"吗、呢"，同时也可以用语气副词"难道、何尝"，在句法上得到体现。例如：

（47）这不是你的书吗？

（48）难道就这样算了吗？

（49）我又何尝不想去呢？

例句中的疑问语气采用添加语气词和语气副词的手段在语法形式上得到体现。

疑问特征除了使用语气词外还可以使用正反重叠、添加"可"等句法操作手段进行实例化，得到正反问和"可 VP"问句。例如：

（50）你去不去北京？

（51）你可去过北京？

句子功能在表现形式上可以采用多种句法操作手段，而句子语气则只使用语气词和助动词，两者虽然都与说话者的主观态度有关，但两者不是相同的句法范畴。

三　语气词可以出现在小句中

句子语气可以通过语气副词得到反映，语气副词是体现句子语气的手段之一。例如：

（52）他可能去北京了。（助动词"可能"、语气副词"大概"是或然语气。）

（53）他大概三十岁了。

（54）他一定去北京了。（语气副词"一定、必定"表示必然语气。）

（55）见到你时必定会高兴的。

句子语气可以出现在独立的句子中，也可以出现在充当句法成分的小句中，含有语气副词的结构可以充当句法成分。例如：

（56）我们都知道他可能去北京。

（57）我想他大概三十岁了。

（58）你是不是觉得他一定去了北京了？

（59）你会不会认为见到你他必定会高兴的？

例句中包含有助动词"可能"、语气副词"大概、一定、必定"的句法结构在句子中充当动词的补足性成分，说明句子语气不但句子可以有，充当句法成分的小句也可以有。句子功能是句子所特有的句法特征，只存在于独立运用的句子之中，充当句法成分的小句不具有句子功能，因此句子功能和句子语气不是全等的句法概念。

四　句子功能相当于发话传递语气

句子应当由表达句义的客观内容和表达说话者主观态度的言表态度组成，具有语义—句法的基本结构。仁田义雄（1985：6—9）将句子分为性质完全不同的两个层面：言表事象和言表态度，并将语气分为命题指向性语气和发话传递性语气。"命题指向性语气"指说话者在发话时对言表事象的认知方式的语法表达式；"发话传递性语气"则指说话者发话时的发话传递态度在句子层面的体现，即言语活动的基本单位句所承担的发话传递作用功能的语法表达方式。作者同时指出，"含有命题指向性语气的词组可以成为句子的一部分，而明显带有发话传递性语气的词组，除了直接引用之外，一般需成句子，不能只作句子的一部分"。句子是由于具有发话传递性语气才成为句子，发话传递性语气是句子的存在形式。

　　不难看出，仁田义雄所提及的发话传递性语气是句子所特有的，能促使词组独立使用变为句子，这与我们所论及的句子功能具有相似的性质，只是我们所论及的句子功能是一种功能性特征，需要一系列的句法操作手段实例化，才能在句法形式上得到体现。

第七节　句子功能的成句作用

　　句子是最基本的语言交际单位，任何一个交际过程至少需要一个句子，不然就不能正常进行，句子功能是句子是否成立的标准，决定了句子的性质和主要作用，甚至重要的语法特点，句子没有句子功能就只能是充当句法地位的构件单位；句子功能是句子成立的必要条件，通过句法手段得以实例化的句子功能是标明句子性质的重要表现。句子功能是句子所特有的语法功能范畴，句子功能只存在于句子层面，必须通过特定的句法操作手段实例化，以期在线性结构上的实现形式的表现，没有句子功能句子就不能成立，作为句子所特有的特征，我们认为句子功能在句法上主要有成句作用。由于实例化的结果不同，同时也产生区别句子的形式特征，具有标志作用[①]。

　　词是语法操作可及的最小的句法单位，因此所有的句法操作都在词以上的句法单位进行。句子在线性结构上就是按照一定顺序排列的一串词，这些词在结构层次上满足人类共有的普遍语法原则和各种语言各自所有的具体语法规则，在口语中句子就是一连串的语音结构特征。在语义上这些词的内容与要表达的客观事实相对应，在语音上符合人类的语言规律。因此句子可以用下面的公式来概括（引自徐杰2010）：

　　　　句子　＝　［……词……词……词……词……词……］

---

　　① 标志是功能实例化的结果，可以有多种形式，在这里暂不讨论。

（其中词的排列组合遵循人类语言的普遍语法原则和各种具体语言的个别语法规则。）

汉语的成句问题在 20 世纪四五十年代就已经得到关注。吕叔湘（1942：70）在探讨句子与词组之间的转换时就指出，"句子和词组虽然可以转换，却不可误会它们的作用相同，无论怎样复杂的词组，它的作用只等于一个词；它只能作句子的一个成分"。朱德熙（1956）指出形容词的光杆形式不容易直接作谓语。

贺阳（1994）第一次将完句成分给出明确的定义，所谓"完句成分"是指在不依赖语境或上下文支撑的句子中通常具有的结构成分，具有使一个语言表达式能够独立成句的完句功能是句法结构上的成句条件。下面的句子都缺一些成分不能独立运用，例如：

（60）a 今天冷　　　比较　b 今天很冷　　　c 今天不冷
（61）a 小明咳嗽　　比较　b 小明咳嗽了　　c 小明没咳嗽
（62）a 小红写作业　比较　b 小明写了作业　c 小红写完了作业
（63）a 张三给李四钱　比较　b 张三给李四十元钱
　　　c 张三应该给李四十元钱

上面各例中的 a 句表达的意义意见完备，但是句子不能独立运用，当添加上某些助词、副词、时间词以及否定词、助动词，数量短语以及某些状语和补语时，这些句子才可以独立运用。贺阳将这些称为"完句成分"，将它们概括为：语气、否定、情态、时体、意愿、时体、趋向、情状、程度和数量等语法范畴。

此外，王艾录（1990）、杨成凯（1993）、黄南松（1994）、胡建华、石定栩（2006）、李泉（2006）、孔令达（1994）等都探讨了词组和句子的差别，句子的自足程度、成句的标准、完句成分等方面内容，不但对大量的汉语语法事实进行了描写，而且都对这一现象进行了适当的解释。但是前人的研究都将研究范围划定在陈述这一范畴之内，并且将语调、功能、语气与其他的诸如否定、程度等处理为一个层次的问题我们认为有失妥当。齐沪扬（2002：200）指出，完句成分的讨论大多集中在主谓结构中，似乎可以看作是在讨论一部分粘着短语向"自由短语"的转化问题。

我们认为真正具有促使句子独立，具有完句作用的是诸如疑问、祈使等的句子功能。只有句子功能将自由的短语和小句转化为独立运用的句子，句子功能是句子独立的关键因素，具有句子功能的结构，才能成为句子，我们可以用下面的公式概括：

句子 = ［…词…词…词…词…词…］^{句子功能}

从理论上讲，构成句子结构的词在数量上可多可少，但至少是一个，形成所谓的独词句，例如：跑！火！我? 等等。这些句子都有一定的句子功能，与表达者的主观态度有关。没有句子功能的"跑、火、我"等词只能在小学里的单词默写中才有区别性的意义。独词句在句法结构上也应当具有句子功能的 C_1P，用下面的树形图来表示：

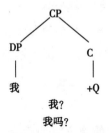

例句中的句子中具有的特征是句子功能，只是这样的 ［＋Q］特征通常通过语音形式表达，在语法上采用零形式形成："我?"这样的句子。［＋Q］特征也可以通过为添加标记的办法添加疑问标记形成"我吗?"这样的疑问句。

许多在具有表达功能的小句在陈述范畴中不能独立，但在其他功能范畴下却可以完全独立。试比较：

（64）天冷　　　　天冷?　　天冷吗?
（65）桌子上放电视　　桌子上放电视!

（66）张三给李四钱　　张三给李四钱？

没有句子功能的词和词的组合不能是独立运用的句子，具有句子功能的结构必定是独立运用的句子。因此句子功能在句法作用上表现出促使结构独立的作用，具有成句性。

小　结

句子功能这一重要的语法概念在语言研究中具有重要的意义，但是前人在研究句子功能时多从语义和语用的角度着眼，是一种舍语法而就其他的思路。句子功能应该是句法学研究的对象，它是句子特有的一系列功能特征，这些特征在句子中居于核心位置，决定了句子的性质；同时，这些特征要通过有限的句法操作手段（主要是添加、删除、移位和重叠等）在有限的句法位置得到线性实例化，从而在显性层面得到句法上的体现，得到实例化。句子功能的作用大致相当于发话传递性语气，在句法上能促使具有表述性的结构独立为句子，因此具有成句性。

第三章

句子功能的范围

句子功能是处于句子核心位置，决定句子性质的一系列功能特征，这些功能必须能够促使具有表述性的结构形成独立运用的句子，必须在句子的表层得到语法形式的体现才是真正的句法学意义下的句子功能。判断一个特征是否是句子功能，要从句法方面入手，即句子功能是否决定句子的性质，是否为句子特有，只存在于句子这一动态、独立的语法单位之中，是否通过有限的句法操作手段在句子的三个敏感位置实例化，在句子的表层线性结构中得到体现。本章我们将运用这一标准判断语言中的主要语法范畴，以确定句子功能的范围。

第一节　句法操作手段

句子功能必须在句子表层的线性结构中得到实例化和体现，这是判断句子功能的重要标准，句子功能的实例化在本质上就是句子功能特征通过有限的句法操作手段在有限的句法位置得到特定的标识。为了更好地了解句子功能，我们先讨论有限的句法操作手段和三个句法敏感位置。

一　体现句法意义的句法形式

句法操作手段是句法特征在语法形式层面得到体现的方法，一般以为，体现语法意义的语法形式主要包括以下几类：

1. 语序

语序就是语句中词语前后顺序的排列，词序是一种体现语法意义重要的语法形式，不同的词序一般代表不同的语法意义，特别是在汉语、英语、日语、法语等语序相对固定的语言中，不同的语序一般代表不同的语法意义，不同的语法意义也可以用不同的语序来表示。例如：汉语中的结构"他笑"和"笑他"就表示不同的语法意义。前者是一种主谓结构，而后者则是一种动宾结构。又如，俄语是一种语序灵活的语言，但是俄语中数词与名词的相对位置不同也表示不同的意义。

2. 助动词

助动词一般没有实在的词汇意义，是一种专门或主要表示语法意义的词，主要是虚词和助动词。辅助词是语法意义最常见的表现形式，辅助词的有无和不同都会引起语法意义的变化和不同。例如英语中，"He likes the school."是一种常见的陈述句，而在动词前添加助动词"does"就构成了英语的强调句"He does like the school."。汉语中"这本书出版"是一种主谓结构，可以作句子，也可以作句子成分，而添加助动词"的"变为"这本书的出版"，则不能够独立成句，只能充当句法成分。辅助词的有无会改变句法意义。同样，不同的辅助词代表的语法意义也不相同，例如汉语中，"他回家了吗?"，用辅助词"吗"表示疑问，而换用"呢"变为"他回家了呢"。则不是疑问句，不代表疑问范畴。

3. 词缀

语缀是一种附着在词根之上，构成派生词或构成词的形态变化的定位粘着语素。在许多语言中，特别是形态变化丰富的印欧语中，词缀是语法范畴的主要表现手段。例如，俄语中的词缀可以用来表示名词、形容词的性、数、格等范畴，也可以用来表示动词的性、数、人称、时体等范畴。英语中通过添加表示过去时意义的"ed"表示时间范畴为过去时，而动词添加"ing"表示体范畴为进行体。

4. 内部屈折变化

内部屈折变化是通过改变词中语素的部分语音形式来表示语法意义的方式，屈折手段反映的是词的语音变化，在形式上表现的是词的重写。例如英语中的不规则动词通过屈折变化表示时态和体的范畴，如：sink—sank—sunk，ring—rung—rung，阿拉伯语用固定的辅音框架表示词汇意义，以元音的不同表示不同的语法意义。"k—t—b"是表示"写"的基本辅音框架。不同的语法意义可以用不同的元音加入来表示，"kati：b"（作者，写书的人），"kita：b"（书写成的作品），"ma－ktab"（书房、图书馆、办公室、书桌、写字的地方）单数形式，"ma－ka：tib"（书房、图书馆、办公室、书桌、写字的地方）复数形式，"kataba"（他写，过去时），"je－ktubu"（他在写，现在进行时）。引自（邢福义、吴振国2002：128）

5. 重叠

重叠是指重复词或词的某部分表示某种语法意义。例如，汉语中形容词重叠表示程度高和程度适中，如"大大的眼睛、高高兴兴"；量词重叠表示遍指，如"个个都是英雄"。日语中名词重叠表示遍指或复数，印地语中的形容词重叠表示程度高，马来语中的名词重叠表示复数，俄语中的动词重叠可以表示未完成体的体范畴等。

6. 异根形式

异根形式是用不同的词根来表示不同的语法意义，表面上看是用不同的词来表示，但从语法角度看这些词应当看作同一个词的不同语法形式。例如英语中的系动词be，有am、is、are、was、were等形式，分别代表不同的时体范畴和人称范畴。

7. 零形式

零形式是不改变词形，用词的原形表示与词的变化形式所不同的语法意义。零形式是相对于变化形式而言的，例如英语中的名词复数要通过添加词缀—(e)s的办法来表示，与之相对的单数是一种零形式。

句法操作手段就是通过改变上面几种语法形式的一种或几种，使句法特征在表层结构上得以体现。句法操作是句子深层结构的各种句法特征到表层结构中句法形式表现出来的变化手段，而不是不同的句型句类之间相互转换的手段，它只作用于以深层结构为代表的语法基础形式，其操作的结果是使基础形式发生相应的改变，表示相应的句法特征①。与句法操作手段相对的"词汇手段"和"语音手段"三者在实例化时有互补关系。表面上看。语法形式上发生变化的情况复杂，句法操作的手段应当是多样的，但是徐杰先生（2001：182）通过观察和论证，认为句法操作的手段应该是有限的，并指出句法操作手段只有四种，即移位、添加、重叠和删除。各种句法特征都必须通过这四种有限的句法操作手段运用而在句法层面得到体现。

二　添加标记

添加是指在句法结构中加入没有词汇意义只有语法功能的虚词。从而使句法特征得到实例化，在线形的语表结构上得到体现。添加的虚词，可以是实实在在的词，可以是词缀，甚至可以只是一种标记，也可以是与词重写的屈折形式。我们在这里统称之为虚词或标记。添加是一种常用的句法操作手段，在许多语言中，添加可以表示不同的句法范畴。比如说添加通常可以使疑问特征实例化，形成疑问句，这种方式在汉语、日语、韩语、俄语以及我国的少数民族语中都普遍存在。例如：

汉语：

(1) ［+Q］他回家了。　他回家了吗？（添加语气词"吗"使疑问特征［+Q］实例化。）

(2) ［+Q］今天是星期天。今天可是星期天？（添加疑问标记"可"使疑问特征［+Q］实例化。）

日语（引自徐杰 2001：174）：

---

① 基础形式不是有些学者认为的陈述句，在本质上陈述句也是句法的基础结构和陈述特征实例化而产生的表层结构。

    （3） Anatawa   konwo   kaimasu － ka?

          你   书   买   －   疑问标记

你买书吗？

    焦点是一个典型的语用－语法功能范畴，焦点范畴可以通过多种手段实例化和具体化。在句法层面得到体现，焦点标记的添加是一种常用手段，某一句法成分是不是焦点，在语用上，关键取决于它是不是讲话人所强调的重点。当句子中没有显性的标记时，要运用替换、省略等分析进行识别，但当句法上有焦点标记时，毫无疑问焦点标记所标识成分就是强式焦点。例如：

汉语：

    （4）是我们昨天修好了电脑。

    （5）我们是昨天修好了电脑。

    （6）我们昨天是修好了电脑。

    例句在语用层面中选择不同的成分作为焦点，在深层结构中将焦点成分添加了焦点特征 [+F]，焦点特征 [+F] 必须在表层结构中得到体现，从深层到表层结构的推导派生中，焦点成分的特征 [+F] 通过添加的焦点标记"是"的办法体现和具体化，形成具有显性焦点标记的表层结构。

    同样，马来西亚语中的焦点也通常采用添加标记的手段来实例化，而且马来语中添加的标记"kah/lah"较之于汉语中的焦点标记"是"①，具有更虚的词汇意义，更强的功能意义，它们都是粘附性的助词。例如（引自徐杰 2001：137）：

---

    ① 汉语中的焦点标记"是"在属性是一个判断系动词。马来语中的焦点标记"kah"用于疑问句（无论是有疑问代词的特指疑问句还是没有特指疑问词的是非疑问句），"lah"用于陈述句。

（7）Saya – lah　yang　　akan　pergi　kw　Kuala Lumpur.

　　我 – 焦标　　　　　会　　去　　到　吉隆坡

是我去吉隆坡。

（8）Abu　belajar　di　bilik itu – lah　tadi.

　　阿布　学习　在 房间 – 那个 – 焦标 刚才

阿布刚才是在那个房间学习。

（9）Anak　itu sudah　pergi ke　sekolah – kah?

　　小孩　那个已经　去 到　学校 – 焦标

那个小孩已经是去了学校吗?

在各种语言中常常用添加标记的手段使深层结构中的范畴特征在表层得到体现和实例化，添加的成分有的意义比较实，有的比较虚，有的只是一个标记，不难看出添加标记是一种常用的句法操作手段。

三　移位

语序是表现语法意义的重要的语法形式，语序的不同常常会造成语法意义的不同，移位是通过改变某种句法成分在结构中的位置来表现特定语法范畴的句法操作手段①，移位同样可以使许多句法范畴实例化和具体化。例如，疑问是一种重要的句中功能，在深层结构中是一个处于句子核心位置的功能特征，可以表示为 [+ Q]，疑问特征 [+ Q] 必须通过句法操作手段在线性结构中得到实例化和具体化，不然句子就不合法，许多语言中的疑问特征 [+ Q] 都可以通过移位的手段在表层结构中形成不同于其他特征的语序，刘丹青（2008：4）指出，在许多语言中，移位是一种表现疑问的常用手段。例如：

英语中：

（10）[+ Q] John will marry Mary.（深层结构）　　—移位→

① 最简方案认为只有移位和合并是实现核查的两种基本手段。

Will John marry Mary?（表层结构）

（11）［＋Q］John will buy what.（深层结构）　—移位→

What will John buy?　　（表层结构）

英语中的疑问句采取移位的手段，使本应在句中出现的助动词移到句尾，使句子的疑问特征得以实例化，形成一种助动词在前主语在后的倒装语序。在许多语言中，发生移位的不但可以是助动词还可以是动词。例如：

法语（引自董秀英、徐杰2009）：

（12）Travaillez　vous　aux　Etats – Unis?

　　　工作　　你　在　美国

你在美国工作吗？

德语（同上）：

（13）Kennest　du　Herrn Li?

　　　知道　　你　李先生

你认识李先生吗？"

古英语（引自 Radford 2000：225）：

（14）Saw　you　my　master?

　　　看到　你　我的　主人

你看见我主人了吗？

丹麦语（引自刘丹青2008：5）：

（15）Kommer　du　i　morgen?

　　　来　　你　在　明天

你明天来吗?

　　虽然英语发生移位的是助动词,而丹麦语、法语、古英语中发生移位的是动词自身,但是两者的移位都是"I—C"的移位,移位的目的都是处于句子核心位置的疑问特征 [+ Q] 得到实例化,在表层结构中有所体现,表面上看存在差异,但本质上都是移位这一操作手段运用的结果,也是非线性的疑问特征实例化的结果。

　　移位手段还可以用来表示焦点和虚拟,使焦点范畴和虚拟特征在线性结构中得以体现,得到实例化和具体化,刘丹青 (2008:226) 指出许多语言都有将焦点成分移动到特定语法位置的规则。语言中的疑问代词都是天生的强式焦点成分,在英语、马来语、匈牙利语等语言中通过移位的操作,使深层结构中处于句中的疑问词移位到句首或者动词之前。例如:

英语:

(16) You need buy what → What will you buy?

焦点成分 what 从动词的补足语位置移位到了句首。

马来语 (引自徐杰2001:160):

(17) Kucing – kah　awak　nampak　　　di　situ　tadi
　　　　猫 – 焦标　　你　　看见　　　在　哪里　刚才?
刚才你在哪里看到猫?

焦点成分"Kucing – kah"从动词补足语位置被移位至句首。

匈牙利语 (Horvath1986,转引徐杰2001:149):

(18) Attila　　　A　　　　FOLDRENGESTOL$_i$　felt$_i$
　　　阿提拉　　(冠词)　　　　地震　　　　怕

阿提拉怕的是地震。

匈牙利语与汉语在语序上具有一致性，但是当动词补足语是焦点成分时，必须发生移位，出现在动词之前的语法位置，不然句子就不合法。

北美印第安的 Ojibwa 语在语序上一般是 VOS 语言，但是，当句子的宾语是焦点时要移位至句首。例如：

Ojibwa 语（Tomlim&Rhodes 1979，转引刘丹青 2008：228）：

（19）Mookmaan　　ngii – mkaan
　　　　刀　　　　　我　　发现了
我发现了一把刀。

虚拟是一种常见的语法范畴，一般认为在意义上常表示事件的非实现性，这一语法范畴通常可以采用添加标记的手段进行实例化。例如：

英语中：

（20）If you need my help，please tell me.

汉语中：

（21）你需要我帮助的话，请给我说。

虚拟特征也可以采用移位的句法操作手段得到体现。例如：

英语中（引自董秀英 2009：32）：

（22）Had I the time，I would go with you.

（23）Were I in your place，I wouldn't do it.

（24）Were they get married，they would not be happy.

德语中（同上）：

（25）Ist er damit nichet einverstanden. so mussen wir winen anderen ausweng finden.
　　　如果他不同意这个的话，我们系得另寻其他办法。

移位是一种常用的句法操纵手段，通过改变语序，可以将底层结构中没有语音形式的功能特征在句法的表层结构中体现出来。

四　删除句法成分

删除是指本应在句法结构中出现的成分，由于受到某种原因而不出现，删除可以分为语用省略和句法删除两类，两者在表面上看都是在表层结构中缺少句法成分，但两者在句法中却有很大的区别。这里的删除指在句法上受到句法的原因而本应出现的成分不出现。

语用省略不是一种句法操作手段，而只是一种语用现象，是说话人由于受话语经济原则的影响在语境话语中承前或蒙后少说了某些成分。例如：

（26）小明昨天去看了医生，今天又去了。
（27）你去看电影，我也去（看电影）。

对话中的省略现象是话语经济原则的体现，当然省略也必须满足省略原则，省略的成分可以承前蒙后推知，也可以添加出来以显性成分出现在句子中。例如：

（28）你明天去公园，我（明天）也去（公园）。
（29）你是博士生，我也是（博士生）。

补充省略成分后的句子没有违反句法原则，只是在语用上感觉冗长。

句法删除是指由于受到句法原则或句法特征的影响，在语义上应该出现的成分在句子的表层结构不出现，句法删除与省略的最大区别在于句法删除是句法操作的结果，删除的成分不能再补充出来，出现在表层结构；而语用省略是一种语用现象，省略的成分可以重新补充。

英语中的空代词 PRO 出现的位置在深层结构中都应当有名词性成分占据，不然就不符合题元准则，但是由于从句的动词缺乏指派格位的能力，所以名词性成分得不到移位指派，不能以显性形式出现，在进入表层结构时被删除，以空语类的形式出现。例如：

（30）I like （Pro） to go home tomorrow.

（31）I like him （Pro） to go home tomorrow.

如果没有语音形式的空代词以显性形式出现，则句子就会因违反各位理论而不合法。例如：

（32）＊ I like me to go home tomorrow.

（33）＊ I like him he to go home tomorrow.

由于删除的成分只能以无语音形式的方式出现，判断是否有句法删除最主要的办法就是看在语义上应当有的成分能否在句子中补充出来，能够补出的是语用省略，不能补充的成分是句法上的删除操作。比如，汉语中的动词和形容词能够直接作主宾语，是汉语特有的语法现象。早期学者认为作主宾语的动词和形容词已经转化为了名词，朱德熙（1983：6）认为，汉语中的词和句法成分不存在一一对应关系是造成这一现象的根本原因。但是充当主语的动词和充当谓语的动词在语法上具有不同的特征，作主语的动词删除了时体特征。因此，动词本应可以添加"着、了、过"等附加成分的，在作主语的动词中不能出现，不然句子就不合法。例如：

（34）a 开飞机很容易。

　　　b＊开了飞机很容易。

　　　c＊开过飞机很容易。

　　　d＊开着飞机很容易。

　　动词短语最主要的句法功能是充当谓语，最大的特征是具有时态特征，因此，动词特征可以自由地添加表示时体的动词词缀"着、了、过"，变为"开着飞机，开了飞机，开过飞机"。但是作主语时的动词不能发生相应的变化，我们认为这时的动词是删除了动词的时态特征。

五　重叠句法成分

　　重叠句法操作是将句法成分在句子的表层结构中重复出现，使句法特征在形式上得到体现的句法操作手段，重叠操作可以作用于词，使词发生重叠，也可以是词的内部发生重叠。重叠的方式可以是正正重叠也可以是正反重叠。

　　重叠句法操作可以使疑问特征实例化和具体化，在句子的表层结构中得到体现。例如，汉语普通话就可以使用正反重叠的手段表示疑问句形成正反问句。例如：

（35）a 你去不去北京？

　　　b 你去北京不去？

（36）a 这盆花漂亮不漂亮？

　　　b 这盆花漂不漂亮？

（37）a 你吃饭没吃？

　　　b 你吃没吃饭？

虽然普通话中的疑问重叠的内容并不相同，但是都是采用重叠的手段进行实例化的结果。汉语的方言和少数民族语言中疑问特征还可以通过正正重叠的办法实例化，得到正正疑问句。例如：

（38）花儿香香？（山东长岛话，引自罗福腾 1996）

花儿香不香？

（39）明朝你去去赣州？ （江西于都客家话，引自谢留文 1995）

明天你去不去赣州？

（40）nω^{33} dza^{33}　　dzω^{33}　　dzω^{33}　　o^{34}？ （彝语，引自孙宏开 1995）

　　　　你　饭　　吃　　吃　　了

你吃饭了吗？

重叠手段不但可以表达疑问范畴形成具有重叠形式的疑问句，而且可以用来表达否定范畴，Souag（2006）、张敏（1997）、Moravcsik（1978）等分别分析了尼罗 – 撒哈拉语系、汉藏语系、苏族 – 卡托巴语系的重叠现象，认为重叠在历时的层面上多来自词干的完全重叠，在共时的层面上都是在受到词意的延伸、形态的缩减等因素影响的具体过程的呈现。在语义上可以表示名词的复数、动词的反复、数词的重复、行为的分布，也可以表示反义、程度的增强和否定意义等。例如北美印第安语中的卡托巴语族（Catawban）可以用重叠的手段表示否定：

（41）Kawi – kawi ha：re：（kawi 的重叠表示否定）（转引马宏程 2015：141）

他一点也没抱怨。

第二节　句法操作的三个敏感位置

句法操作的敏感位置不但在线性结构上承担句法结构的基本角

色，而且对句子的各种特征能够做出反应，使各种句法操作手段发挥作用。徐杰（2005）指出句子的"句首""谓首"和"句尾"是全句功能通过句法操作手段实例化的位置，是三个特殊的句法敏感位置。

句法操作手段和句法敏感位置的提出具有重要的理论意义和实用价值，使语法研究的领域不再只集中于句法实体、句法结构、句法语义范畴等传统范围之内，而且可以通过句法操作手段和句法敏感位置研究纯功能性语法范畴。李莹在徐杰的指导下完成的博士论文《谓头语法位置和全句功能语法范畴的表达》就是这方面的典范。

一　句首敏感位置

句首敏感位置是在线性结构中位于句子开头的语法位置，句首语法敏感位置可以通过有限的句法操作手段使许多的语法范畴得到实例化，比如许多表示句间关系的关联词都可以添加在句首位置。例如：
汉语中：

（42）如果你明天不来，我就一个去了。（句首添加"如果"，表示假设关系。）

（43）因为明天可能会有雨，所以我们郊游的计划取消了。（句首添加"因为"表示因果关系。）

英语中：

（44）If you will come, I can help you. 句首添加"if"表示假设关系。

许多语言的话题通过移位到句首语法位置得到体现，许多学者在给话题定义时就包含了句首语法位置这一特征。有些著作甚至将"位于句首"看作话题的必备属性之一。刘丹青（2008：254）指出，"移位到句首是话题最常被提及的话题语序特征"。汉语中的话题通常位于句首，在语义上充当动词受事的论元做话题必须移位到句首。例如：

(45) 我看过书了。

书我看过了。

(46) 有人打了他。

他有人打了。①

受事论元"书"本应出现在动词之后，但作为话题要移位至句首。

二　谓首语法位置

谓首语法位置主要是指谓语之前的位置，但是由于语序参数的设定不同，在线性结构上可以是动词之前的位置（SVO 语言），也可以是动词之后的位置（SOV 语言），相当于句子中心［I，IP］的位置。语言中的时态特征、疑问特征、否定特征等功能范畴都可以在谓首位置通过句法操作手段得到体现。

英语中的时态和呼应态表面看与动词融为一个整体，是动词的屈折形式，但在本质上时态和呼应态处于句子中心［I，IP］位置，这些屈折特征在句法上有独立的语法作用。时态在英语语言中都出现在谓首位置。例如：

(47) He will come here tomorrow. （助词"will"出现在谓头句法位置表示句子的时态。）

(48) We shall have a good time. （助动词"shall"出现在谓头位置，表示将来时。）

---

① 司罗红（2008）认为被动句在本质上就是话题和扩充的格位理论的共同作用的结果。

否定功能作用于全句，可以在谓首句法位置得到体现，添加的否定标记一般出现在谓首位置。①

英语中否定标记"not"出现在谓首位置。例如：

（49）I am not reading the book of Shakespeare.

（50）He does not come from Beijing.

汉语中的否定标记："不"和"没"也出现在谓首位置。例如：

（51）我不去北京。

（52）我不会做这个玩具。

三　句尾语法位置

句尾位置是句子结尾的语法位置，句尾也经常是语法范畴实例化和具体化的敏感位置，句尾语法位置对深层结构中的语法特征敏感，可以通过移位，添加标记等手段使各种特征实例化得到形式上的体现。

汉语中的疑问句可以通过在句尾添加疑问标记的手段实例化，在表层结构上得到体现，形成汉语中的是非问句。例如：

（53）你今天回北京吗？

（54）今天是星期天吧？

（55）他去过武汉吗？

非洲乍得语支的 Tangale 语的焦点范畴也可以通过移位的手段在

---

① 最简方案将句子中心"I"进一步地划分为时态特征［＋T］和照应特征［＋Agr］，认为否定特征［＋Neg］出现在句子中心位置，在时态特征和照应特征之间。

句尾位置得到实例化，作为斯里兰卡官方语言的僧伽罗语（Sinhala）和泰米尔语（Tamil）都可以将焦点成分移位到句尾[1]。例如：

（56）Wa　　patu　ayaba　ta　luumo　dooji　　　nung?（Tangale）（引自刘丹青 2008：618）
　　　　（将来时）　买　香蕉　在　市场　明天　谁
明天是谁将在市场买香蕉？

句子中的疑问成分"nung"在词库中具有焦点特征，因此通过移位的手段移位至句尾这一焦点更强势的位置。

句子的三个敏感位置是对句子的线性结构的分析，没有触及句子的层次结构，若是从树形图来看，句子的三个敏感位置可以归纳为 C 位置和 I 位置，汉语中的句首位置和谓首位置在本质上都是 IP 的核心位置"I"，而句尾的位置则是 CP 的核心 C 位置，因此许多在句首出现的成分可以在谓首位置出现，但不能在句尾位置出现。同样句尾出现的成分不能出现在句首和谓首位置。比如汉语中的关联词主要表示两个分句之间的关系，在句法上可以出现在句首，也可以出现在谓首，但不能出现在句尾。例如：

（57）a 因为校长没回家，所以大家都在找他。（关联词"因为"出现在句首位置。）

　　b 校长因为没回家，所以大家都在找他。（关联词"因为"出现在谓首位置。）

　　c＊校长没回家因为，所以大家都在找他。（关联词出现在句尾，句子不合法。）

句子的各种功能范畴必须通过有限的句法操作手段在有限的句法

---

① 具体论述可参看 Herring & Paolillo（1995）。（刘丹青 2008：618）

敏感位置得到实例化和具体化,句首、谓首和句尾位置在句法上对各种功能性范畴敏感,是句法操作经常发生的敏感位置。

第三节 句子功能的判定标准

句子功能是句子所特有的句法特征,能促使语法结构转化为独立运用的句子,句子功能必须通过有限的句法操作手段,在句首、谓首和句尾三个句法敏感位置得到实例化和具体化,得到句法形式上的体现才是句法意义下的句子功能,句子功能这一重要语法概念的外延的确定应当以其定义为标准进行判定。句子功能作为一系列的句法特征的概括,应当可以包含不同的类别,各种不同的句子功能在内涵上应当具有一致性,它们都是句子所特有的有形式标志的句子功能。

在句法上具有同一性的句法实体和句法特征通常可以相互替换,同时在同一句法结构中相同的句法实体和句法特征不能同时出现,这种替代性和互斥性通常可以帮助我们判断句法单位的性质,运用这一性质同样可以判断句子功能,一个特征是不是我们研究的句子功能可以看它是否与典型的句子功能之间具有替换性和排斥性。

总之,判断一个句法范畴是不是句法学意义下的句子功能可以遵从以下三个标准:

1. 在形式上,句子功能必须在三个句法敏感位置上通过有限的句法操作手段实例化和具体化,得到句法形式上的体现。

2. 在句法作用上,句子功能必须能够促使句法结构成为独立运用的句子。

3. 句子功能之间应当具有替换性和互斥性,多个句子功能不能同时出现在同一独立运用的句子之中。

我们按照以上三个标准对前人研究的各种语法范畴进行核查,以确定句法学意义下的句子功能的范围。

第四节　话题不是句子功能

话题特征是独立的句子所特有的成分，不具有表述性的短语和不具有独立性的小句，都不具有话题特征。话题特征可以通过添加话题标记和移位话题成分的手段得到实例化和具体化，在表层线性结构中得到体现。但是话题不具有成句功能，不能促使句法成分成为独立运用的句子；而且话题化的操作手段不是出现在句子的三个敏感位置，说明话题不是全句性功能特征，不是句法学意义下的句子功能。

一　话题特征不是全句功能特征

话题是一种句法成分所具有的特征，话题特征作用于某一句法成分，话题成分可以是名词性结构、动词性结构甚至是介宾结构。话题特征使这一句法成分受到影响，在深层结构中具有话题特征［＋TOP］的特性，这一特征使用添加标记、移位等操作手段实例化，在表层线性结构中得到体现。话题特征不是全句功能，作用范围不是整个句子，在形式上，可以在许多位置得到体现，而不只限于三个敏感位置，例如：

汉语中：

我们鱼只买了两条。话题"鱼"从宾语移位到了主语之后。

日语中的话题成分通过添加话题标记"wa"的手段进行标识，话题标记出现在话题成分之后，话题成分可以出现在句首，也可以出现在其他句法位置，话题标记"wa"随话题的位置变化不只是出现在句子的三个敏感位置。例如：

（58）Kyoo　　wa　baku　wa　tyuusyoku　wa　　nuki ni siyoo.（转引刘丹青 2008：248）

今天　话题标我　话题标　午饭　话题标　跳过 将做

今天中午我将免去午饭。

句子功能必须是作用于全句的功能特征，作用于全句的功能特征的实例化只能出现在有限的三个句法敏感位置；很明显话题特征在深层结构中指派给了不同的句法成分而不是作用全句，虽然采用添加标记、移位等有限的句法操作手段得到实例化，在表层结构中得到了体现，但是话题不出现在句子的三个敏感位置，不符合句子功能的特征，因此不是句法学意义下的句子功能。

二　话题不具有成句性

成句性是句子功能的基本作用，一个结构添加上句子功能就能变为独立运用句子，反之没有句子功能就不能独立成句，只能是某种句法成分或者短语。例如：

（59）［＋q］他　　　b 他？　c 他吗？

（60）［＋q］他吃　　b 他吃？c 他吃吗？他吃不吃？

"他"和"他吃"，如果没有句子功能，只能是代词和主谓结构的短语，不能独立运用；但是添加上句子功能，如疑问功能，疑问特征通过语音手段或句法手段得到实例化和具体化，就能变为独立运用的疑问句。如 b、c 所示。

话题特征不具有成句性，对某一不成句的句法结构添加话题标记，不足以使其变为独立运用的句子。例如：

（61）a 他 ［＋Top］

b 他啊

c 他啊，喝咖啡。

单独的代词"他"添加话题标记"啊"仍然不能独立运用;"他啊"在句子"c"中作话题成分,带有话题标记,并且其后由停顿,但"他啊"仍不是能独立运用的句子。

英语中的话题可以通过移位实例化,并且可以移到句外,成为句子的外位成分,但移位的话题是句子的句法成分,不是独立运用的句子。例如:

（62）a　The finger, we have clicked.

　　　b　We have clicked the finger

句子中的"the finger",无论是处于动词之后的宾语位置,还是处于句首的外位,都不能独立成句;作为话题成分的"the finger"从句子的宾语位置移到句首,使话题成分得到实例化,虽然位于外位的话题成分后有语音停顿,但仍然不能独立成句,只能是句子的宾语。

综上所述,话题特征虽然常常被当作句子功能,并且话题是句子所特有的成分,能够产生添加标记,移动话题成分等语法形式的变化。但是从形式上看,话题特征只能作用于某一句法成分,不是全句功能范畴,其操作手段也不是出现在句首、谓首和句尾三个句法敏感位置,不符合句子功能的形式标准。从功能上看,话题特征 [+ Top] 只能体现说话者关注的对象,不具有成句功能,因此,话题不是句法学意义上的句子功能范畴。

第五节　焦点不是句法学意义下的句子功能

焦点本是物理光学的概念,后来为许多领域借用。在语言学理论中,焦点是句子中某一个句法成分的特征,在意义上通常是指讲话人认为比较重要的内容和应当突出的成分;焦点可以从形式上得以识别,许多语言的焦点都附带有焦点标记,例如汉语中的焦点标记"是",马来语中的焦点标记" – kah"和" – lah",以及英语中添加

"it is…that…" 构成的分裂句等，这些标记都可以作为形式上判断焦点的显性特征。即使没有明显的焦点标记，如果某一成分为讲话人所强调，仍然是句子的焦点，这些焦点虽然没有通过特定的语法手段标记，但仍然可以用替换、省略等分析方法将它们识别出来。

焦点是强调（emphasis）作用的对象，表面上看应当是语用等研究的对象，但由于强调的内容被指派了焦点特征 [+F]，这种特征必须通过句法操作手段在表层的线性结构上得到实例化和具体化，因此，焦点已经是公认的句法学问题。虽然焦点的选择是语用的心理学问题，但是被强调的焦点如何表现出来是典型的句法问题。有学者认为焦点是句子功能，并认为焦点是一种句子中心，可以投射为焦点短语（FP）。我们认为焦点虽然是一种功能性特征，可以通过句法操作手段在表层得到实例化，但它不是作用于全句的全句功能范畴，不具有成句作用，因此不是句子功能。

一　焦点特征可以通过句法操作手段实例化

焦点是话语表达者在语用中强调的内容，被强调的成分在深层结构中具有了 [+F] 特征。这一特征可以通过添加标记、移位等句法操作手段在句子的线性结构中得到实例化和具体化。

（一）焦点特征可以通过添加标记实体化

汉语中被话语表达者强调的焦点成分，在深层结构中被添加了焦点特征 [+F]，可以通过添加焦点标记"是"的手段得到具体化和实例化，焦点标记"是"后面的成分是该句的焦点。例如：

（63）a 是我们昨天在公园看到了一场闹剧。

　　　b 我们是昨天在公园看到了一场闹剧。

　　　c 我们昨天是在公园看到了一场闹剧。

　　　d 我们昨天在公园是看到了一场闹剧。

　　　e 我们昨天在公园看到的是一场闹剧。

　　例句中话语表达者分别强调"我们、昨天、在公园"等不同的句法成分，在深层结构中给这些成分指派了焦点特征［＋F］，焦点特征在表层通过添加焦点标记"是"的手段实例化，形成了不同的表层形式。

　　英语中可以通过所谓的分裂句式将被强调的焦点标记出来①，通常是将焦点成分变成新主句的表语，原来的主句以关系从句的形式修饰焦点成分。一般认为分裂形式标记焦点有三个基本元素：一是表语；二是句首出现毫无意义的傀儡主语"it"以满足扩充的格位理论；三是原句的其余部分用"that"引导以关系从句的形式进入强调句。例如：

（64）a John read Shakespeare's play in the library yesterday evening.

　　b It was John that read Shakespeare's play in the library yesterday evening.

　　c It was Shakespeare's play that John read in the library yesterday evening.

　　d It was yesterday evening that John read Shakespeare's play in the library

　　e It was in the library that John read Shakespeare's play yesterday evening.

　　英语的谓语动词作焦点不用分裂句来强调，可以通过添加谓语焦点标记"do"的办法，使动词焦点特征得到体现。例如：

（65）a John read Shakespeare's play in the library yesterday evening.

――――――――――

　　①　在本质上添加焦点标记是系动词"be"，由于系动词自身的性质和扩充格位理论的要求，系动词之前必须出现形式主语 it。

b John did read Shakespeare's play in the library yesterday evening.

英语的焦点标记在本质上是添加的系动词"be"，这与汉语添加"是"具有一致性，英语分裂句的产生是"be"自身动词的性质和扩充格位理论的要求共同作用的结果，是可以推导出来的副产品。

非洲的许多语言都有专门标识焦点的标记，例如索马里语就要求"每个主句都出现焦点标记，但每句只能出现一次"。例如：

索马里语（引自 Svolacchia et al. 1995，刘丹青 2008：225）：

（66）Amida　baa　wargeyskee　keentay
　　　人名　焦标　报纸　　　　买
　是 Amida 买的报纸。

（67）Amida wargeyskee　bay（＝baa ay）keentay
　　　人名　报纸　　　　焦标　　　　　　买
　Amida 买的是报纸。

（二）焦点可以通过移位来具体化

被话语表达者选定并强调的焦点成分，不但可以采用添加焦点标记的手段来标识，也可以采用移位的手段，将选定的焦点成分移位到更加突出的位置。刘丹青（2008：226）指出，"很多语言都有将焦点成分移动到特定语法位置的规则"。

英语疑问句中的特指疑问词天生具有焦点特征，是一种焦点。这一焦点的性质是疑问词自身所包含的词汇特征，特指疑问词焦点在英语就必须发生移位，移到句首位置。例如：

（68）What book do you like?

（69）When did you come back?

（70）How long is the great wall?

　　加纳语种的焦点成分无论是疑问句还是陈述句都必须移到句首，而且在移位的同时也要添加专门的焦点标记。例如：

加纳语（引自刘丹青2008：227）：

（71）Hena　na　　Ama　rehwehwe?
　　　　谁（焦标）人名　　在找

Ama 在找谁？

（72）Kofi　na　Ama　rehwehwe.
　　　　人名（焦标）人名　在找

Ama 在找的是 Kofi。

　　作为焦点的疑问代词"Hena"和人名"Kafi"除了添加焦点标记之外，还移位到了句首位置，这一类还有爱尔兰语、非洲的 Maasai 语等。

　　北美洲印第安的 Ojibwa 语是一种 VOS 语言，一般情况下，宾语位于动词之后，但是当宾语成分为焦点时就要发生移位，出现在动词之前的语法位置。例如：

Ojibwa 语（引自刘丹青2008：228）：

（73）Mooknaan　njii – mkaan.
　　　　刀　　　　　我 – 发现了

我发现了那把刀。

　　焦点移位是由一般位置移动到更能体现焦点的强势语法位置，但是哪一个语法位置相对更重要，更容易表现焦点则因语言而异，除了句首这一焦点位置外，有的语言是将焦点移位至句尾，例如非洲的"Targale"语、语序灵活的俄语、泰米尔语等。动词之前的位置也是许多语言放置焦点的专用位置，例如匈牙利语、夏而巴语等。

（三）重叠表示焦点

焦点成分也可以通过重叠的手段来表示，重叠的内容可以是词，也可以是一个短语。重叠方式表示焦点广泛存在于日语、韩语、俄语、匈牙利语、Neveh 语、Nupe 语等语言中。例如：（转引刘丹青2008：242）

日语：（74）John—ga　　computer—o　kat—ta—koto—wa ka—ta…

John—主格　电脑—宾格　　买—过去时—名词化—连词

买—过去时—情态

确实，John 是买了电脑，但是……

韩语：（75）Cheolswu—ka　Younghui—lul　manna—ki—nun manna—ss—ta.

人名—主标　　人名—宾格标 见—名词化—话题　见—过去时

Cheolswu 是见了 Younghui。

Haitian 语：（76）Lame a　kraze　kraze　vil la.

军队—这　毁灭　毁灭　城镇—这

这支军队是毁灭了这个城镇。

焦点在语用上表示说话人强调的部分，这部分内容在深层结构中被指派了焦点特征 ［+F］，焦点特征可以通过添加焦点标记、移到特殊位置、重叠焦点成分等手段在表层的线性结构中得到具体化和实例化，满足句子功能在线性结构中采用句法手段实例化，有显性标记的要求。

二　焦点范畴不是句子功能

焦点是一种典型的功能范畴，这种功能范畴可以附着于某一句法成分，使之含有焦点特征并通过加标、移位、重叠等手段实例化，在线性结构上有所体现。有学者因此将焦点作为句子中心语来处理，认为句子省略到最后，剩余的部分是焦点，焦点是句子的必有成分，因此句子的中心是一个 FP，焦点是一个句子功能。但是我们也注意到焦点这一功能范畴与话题范畴一样，是一种句法成分功能范畴，而不是一种全句功能范畴，它的作用范围是某一句法成分，而不是全句。与句子功能相比，焦点范畴的实例化出现在某一句法成分而不是句子的三个敏感位置；句子功能具有成句性，能促使小句变为独立的句子，而焦点范畴没有这一作用。

我们可以将焦点范畴与典型的句子功能—疑问范畴作比较，审视两者之间的差异。疑问范畴可作用于句子的深层结构，使句子具有［＋Q］的句法特征，疑问特征［＋Q］在句子的［C，CP］位置或［I，IP］位置通过句法操作手段实例化，形成表层有标记的疑问句。以"你回家"为例，在底层结构中疑问特征作用于全句形成"［＋Q］你回家"这样的底层结构，［＋Q］特征可以通过加标记的手段实例化，在［I，IP］的位置添加疑问标记"可"，形成"你可回家？"的疑问句表层结构；也可以在句尾添加疑问标记"吗"形成"你回家吗？"的疑问形式；疑问特征也可以在［I，IP］位置使动词重叠形成"你回不回家？"等形式。在底层结构中不成句的结构"你回家"含有疑问特征之后形成独立的疑问句。疑问特征通过各种句法操作手段实例化，但是这些句法操作手段都只出现在句子的三个敏感位置；不成句的结构添加疑问特征之后变为独立运用的句子，说明疑问特征有成句性，可以用下面的式子表示：

　　［＋Q］Ø［…词…词…词…词…］＝句子

焦点范畴是对某个句法成分的强调，焦点标记作用于某个句法成分。在深层结构中，使不同的句法成分附着焦点特征［＋F］，并通过句法操作手段得以体现。例如：

　　（77）a 是小王昨晚在办公室打麻将。
　　　　　b 小王是昨晚在办公室打麻将。

  c 小王昨晚是在办公室打麻将。

  e 小王昨晚在办公室是打麻将。

  话语表达者选择不同的成分作为焦点，例句中的句子具有相同的底层结构，其中唯一的不同就是［＋F］所附着的句法成分不同。

  （78）a 小王［＋F］昨晚在办公室打麻将→是小王昨晚在办公室打麻将。

    b 小王昨晚［＋F］在办公室打麻将→小王是昨晚在办公室打麻将。

  焦点范畴可以表示为：［…词［＋F］…词…词…词…］

  有焦点功能范畴的底层结构还必须添加具有成句功能的范畴才能进入表层结构，例如上面的各个例句都添加了陈述功能。"［＋Ch］（小王［＋F］昨晚在办公室打麻将）"进入表层结构形成了具有焦点成分的陈述句，可见焦点范畴不具有成句功能。

  综上所述，虽然焦点是一种语法意义下的功能范畴，并且这一范畴可以通过移位、添加、重叠等句法手段在句子的表层结构得到实例化，但是焦点不是作用于全句的功能范畴。首先，句法操作手段产生的特定语法效应只在某些句法成分上体现，而没有出现在句子的三个敏感位置；其次，焦点不具有成句作用，焦点特征不能促使句法结构转化成为独立使用的句子。这与句子功能的判断标准不相符，因此焦点范畴不是句子功能。

第六节　否定范畴不是句子功能

  否定是自然语言的普遍特征之一，是用来表达否认一个事件或其中某部分的真实性的语法范畴，否定作为一种重要的语义范畴和语用功能，在句法上有一些特别的属性，否定可以作为全句的否定，和句子成分的否定。句子成分的否定作用低于句子的句法成分层面，否定只作用于某个句法成分。例如：

英语中对名词的否定：

（79）I have no idea.

（80）There is nothing to eat.

汉语中对名词成分的否定：

（81）他吃了不熟的苹果。

（82）今天张珊去了不该去的地方。

句子成分的否定范围不是全句，虽然采用添加标记的手段进行实例化，但是实例化的位置不发生在句首、句尾和谓首三个句法敏感位置，具体的位置由被否定的句法成分决定。因此，句子成分的否定不是作用于全句的功能范畴，不是句法意义下的句子功能。

全句的否定就是对句子所表达命题的否定，对于表达命题的陈述句来说，否定标记的作用范围是除它之外的整个句子，在意义上，否定处于命题部分的最外层。形式句法将全句否定范畴码转化为一种特征［＋Neg］，这一否定特征处于句子中心"I"位置。句子中心分裂假设进一步地将句子中心"I"分解为时态特征［＋T］和一致性特征［＋Agr］，并且认为否定特征就处于时态和一致性的中间，否定特征［＋Neg］可以投射为否定短语 NegP，从侧面认定了否定功能是一个句子功能。

一　否定范畴是全句功能范畴

否定范畴可以通过有限的句法手段在三个句法敏感位置得到实例化，深层的否定特征［＋Neg］在表层结构中可以得到句法形式上的体现。

否定特征可以在谓首位置添加否定标记得到实例化。添加的否定标记可以是独立运用的词，也可以是不能独立运用的语素；在线性语序上否定标记可以出现在动词之前，也可以出现在动词之后，还可以与动词结合为一个整体出现在动词之中。

汉语中的否定标记"不"和"没"出现在动词之前的句子中心位置，当句子中心有表示形态范畴的助动词（情态动词）时，否定标记可以与之融为一个整体发生音变。例如：

（83）小明今天不去开会。（否定标记"不"出现在动词之前）

（84）敌人不要（别）想从我们这里逃走。（否定标记"不"和句子中心的助动词"要"结合为"别"）

（85）小明昨天没去开会。（否定标记"没"表示已然出现在动词之前）

（86）你甭担心了，不会有事的。（否定标记"不"和助动词"用"结合为"甭"）

汉语方言中的否定标记虽然与普通话不完全相同，有的否定可以有多种标记，例如广东阳江话的否定标记有"无、冇、未、莫"四个，而闽南方言中表示否定意义的否定词有"无、勿会、未、免"，但是这些否定标记从出现的位置上来说都在动词前的句子中心位置，是能对全句功能范畴做出反应的三个敏感位置之一。

英语中的否定标记"not"也出现在谓首的句子中心位置，当英语中的句子中心为不能独立运用的屈折语素时，否定成分前必须添加助动词，使屈折成分有所附着，当句子中心有表示时态的助动词或者有表示情态的情态动词时，否定标记可以和它们结合为一个整体。例如：

（87）John comes from England.

　　　　　John does not（doesn't）comes from England.

（88）John will come from England.

　　　　　John will not（won't）come fromEngland.

（89）John can work in England.

　　　　　John can not（can't）work in England.

　　例句中的否定标记"not"出现在动词之前的谓首位置，可以和句子中心的助动词结合成"doesn't、won't、wouldn't"等缩略形式①，说明英语的否定特征可以通过在谓首敏感位置采用添加标记的手段实例化，在表层结构得到体现，否定范畴是作用于全句的功能范畴。

　　藏缅语族的普米语是一种 SOV 语言，否定标记主要用 ma^{55}，$mɔ^{55}$ 表示，当句末是动词时，出现在动词之前。例如：

　　（90）$ɑ^{55}$　$phz̠ən^{55}mi^{55}$　$ma^{55}din^{31}$. （引自刘丹青 2008：141）

　　　　　我　普米　　　　不　是

　　　　　我不是普米人。

　　但是当动词后有后缀时，否定标记出现在动词和后缀之间，可以加在两个音节之间，说明 ma^{55} 不是独立的否定词，而是一种否定词词缀，我们可以将其看作否定标记。例如：

　　（91）$ɑ^{55}$　$ʃʅ^{55} ma^{55} - ʃe^{55}$. （引自刘丹青 2008：142）

　　　　　我　去　不（将行体）

　　　　　我不去。

　　相似的语言还有很多，否定标记是不能独立的屈折语素，附着于

————————

① 有学者认为 not 和 n't 是两个不同的语素，但否定标记位于句子中心的位置是可以确定的。

动词和动词结合为一个整体，例如羌语支的木雅语：

（92）$thɐ^{55} - mɐ^{55} - βɐ^{33}$．（马学良 2003：273　转引马宏程 2009：34）

做 – NEG – 1SG

我没做。

句末位置也是句子的三个敏感位置之一，全句功能范畴可以在句末位置实例化，出现的各种范畴标记可以在句末。否定范畴作为全句功能的表现形式添加否定标记，不但可以出现在谓首敏感位置，也可以出现在句末敏感位置。

布史语是与壮语族关系密切的少数民族语言，布史语中的全句否定标记出现在句子的末尾。李锦芳（1999）认为布史语"表示否定的成分（副词 la：i 和 la：m）总是放在句末"。例如：

（93）ku^{54}　$taŋ^{11}$　$kɛ^{54}$　$ta：p^{11}$　dai^{54}　$la：i^{11}$．（引自刘丹青 2008：141）

我　　和他　　挑　　得　不

我和他都挑不了。

（94）$van^{54}ni^{11}$　qa^0bot^{11}　$la：i^{11}$．

今天　　　　冷　　　不

今天不冷。

布史语中的否定副词没有出现在谓首修饰谓语，而是处于句尾，这种现象促使人怀疑副词的性质，若不考虑它的词性，将其统一看作否定标记，则说明作用于全句的否定功能标记是出现在句末。否定标记出现在句尾的还有侗语、仡佬语等，参看马宏程（2009）。

全句否定功能范畴是一种全句特征，作用范围是整个句子，而不是作用于某个句法成分，全句否定功能范畴可以转化为［＋Neg］出现在句子中心的位置，可以通过添加标记的手段在句子的三个敏感位置实例化，得到表层结构的体现，满足作为句子功能的条件之一。

二　否定范畴不具有成句性

虽然全句否定范畴作用于全句，在句子的三个敏感位置通过添加否定标记的手段实例化得到体现，但是否定范畴与疑问等句子功能相比有很大的差异，不是同一层面的功能特征。否定范畴不是只能出现在句子中的句法范畴，它不但出现在句子中，而且可以出现在从句中。句法结构添加上否定范畴，只能产生意义上的改变，而不能转化为独立运用的句子，因此否定特征不具有成句性。否定范畴不是我们所说的句法学意义下的句子功能。

Thomspon（1992）通过跨语言的研究指出否定和疑问不是统一层面的特征，否定算子的句法位置总是比疑问算子更加内嵌①。例如，"他不去吗"，从语义上来看是由"他去（肯定命题）＋不（否定命题）"构成的，疑问特征的作用范围在包含否定标记在内的整个句子，处于句子的最外层，而否定标记虽然要作用于全句，但不含疑问特征。刘丹青（2008：140）指出表达说话人主观态度的成分是指向包括否定算子在内的整个否定命题，因此不在否定算子的辖域内。

否定范畴可以出现在从句中，作为句子成分的从句作用整体上相当于一个词，而不是独立运用的句子，否定范畴可以随意地出现在各类从句中。例如：

（95）他知道我不去。

（96）我不去的消息被校长知道了。

（97）The news that I can't go was known by him.

（98）He knows that I will not come.

---

① 参看张伯江（2005）的介绍。

出现在句子中的否定范畴的作用范围是作为动词宾语的从句，而不是整个句子，从句是否具有否定范畴只存在意义上的不同，在句法上与表示肯定的从句并无区别。

否定范畴不改变句子的独立性，如果原来的结构是独立的句子，添加否定范畴仍然是独立的句子；如果原来的结构是只有表述性的没有独立性的成分，添加否定范畴后不会变为独立运用的句子。原本独立的否定句去掉否定范畴仍然是独立的句子，只是句子的意义发生了改变。例如：

（99）我不去。我去。（去掉否定范畴，独立的句子仍然独立。）

（100）漂亮的。不漂亮的。（添加否定范畴，不独立的结构仍然不能独立）

（101）我回来了。我不回来了。

总之，否定范畴是一种全句功能范畴，作用于全句，需要通过添加标记的手段在句子的三个敏感位置得到实例化。但是，否定特征与客观相联系，不是人的主观态度反映，属于言表事象的内容。否定特征可以出现在从句中，也可以出现在各种短语中，不能促使由表述性的小句转化为独立使用的句子，因此不具有成句性，所以全句否定范畴不是句法学意义下的句子功能。

第七节　时体范畴不是句子功能

时间概念是人类认知的基本概念之一，也是自然语言表达中重要的语义内容。时态范畴是语法中特别是形态中表现时间的语法范畴。石毓智（2010：117）认为名词性的最主要特征是空间特征，而动词性单位的最主要特征则是时间特征。两者是语言单位与外部世界的对象联系的纽带，是语言单位表达真实世界中各种现象的基石。

　　时态在语法研究中通常细分为时（tense 时态和时制）和体（aspect 体貌态），时是以说话时为基准的句子所表达的事件、命题所在的时间位置，诸如，过去（在言语之前）、现在（言语之时）和将来（言语之后）；体是观察时间进程中的事件构成方式（戴耀晶 1997：3），体不但与动词有关，而且跟整个时间有关，虽然与时间有直接和间接的关系，但并不以说话时间为参照，是表达说话人的主观性时态范畴。

　　时在时间轴上为事件定位，在许多语言中只有具有时态标记的动词才是限定动词，才能成为独立小句的谓语中心。而不具有时态特征的动词只能是不定形式，充当句子的句法成分。生成语法中研究的句子中心是附着于动词的屈折形式，就主要表示时态和一致性关系。汉语中的时态虽然不以屈折形式表现，但在语言中也应当存在时态范畴。

一　时态是全句的功能范畴

　　时态范畴作用于全句，是一种典型的全句功能范畴，时态特征在许多语言中都可以通过时态标记来表达，而且时间标记的位置出现在句子的三个敏感位置。例如，英语中的时态出现在谓首的句子中心位置，虽然有时和动词融合为一体，但仍然是一种语法特征，独立发挥句法作用。例如：

　　　　（102）John comes from England.　　　现在时
　　　　（103）John will play basketball.　　　 将来时
　　　　（104）John played basketball yesterday. 过去时

　　例句中的现在时和过去时通过附着于动词的屈折语素 – ed 和 – es① 来实现，而将来时则通过表示将来的时态助词"will"来实现。

---

　　①　– es 表示一般时态，同时也表示人称为单数第三人称的一致性。

二 时态不是句子功能

时态是一种典型的全句功能，要通过句法操作手段在句子的三个敏感位置得到实例化，而且时态是形成句子必不可少的功能范畴。刘丹青（2008：446—448）"作为限定形式体现的时范畴是一种强制性的形态，即每一个独立句子都必须在形态上标明属于哪种时"。但时态不是我们所研究的句子功能。

首先，时态与体、否定等一样属于与话语有联系的客观语义内容，是一种语义语法范畴，而与人的主观语言态度并无太大联系。仁田义雄（1997：5—7）指出：言表事象（说话者所描述的现实中的某一事象，即句义中表示客体事象的部分）由其核心部分命题核，加上语态、动态（体）、语否范畴、时态（时）等构成；时态是"言表事象"与"言表态度"的分界线。时态属于客观语义而不是说话人的主观态度，应当与疑问特征等句子功能不同。

时态特征是句子所必需的语法范畴，一般认为句子没有时态只能是非限定形式，不能成为独立的句子。但如果句子中包含有情态助动词，时态特征可以不出现。例如：

(105) John may play basketball tomorrow.

(106) John must come here in two hours.

(107) Tom can read when he was 3 years old.

例句中都有时间特征，可以通过时间词反应，但是在谓首位置却没有出现表示时间范畴的屈折形式或者助词，时间态特征没有得到句法上的体现，但句子仍然成立。

祈使句中的时态特征也常以隐性方式出现，祈使句在句法上表现出与陈述句一系列的差异，其中之一便是祈使句在句法上没有时态特征。刘丹青（2008：27—28）指出，"其他句类中不定式不能作主句谓语动词，主句谓语位置的不定式可视为英语动词的祈使式"。例如：

（108）Give me a pen.

（109）Be careful!

祈使句中的动词采用没有时态和人称变化的原型形式，时态特征在祈使句的表层结构中并没有得到体现。仁田义雄（1998：9—10）指出，"日语中的祈使句没有时态的存在和分化"，并认为不存在时态特征是"祈使、表抒"区别和"陈述"以及疑问特征的重要特征。例如：

（110）Anata － wa hayaku kaee － te kite chou dai!（无时态）
　　　　你　主格　快点　　回　　祈使标记
　　　你快点回来!

汉语的祈使句也不能有表示时态的附着成分，如果句中有表示时态的"过、着、了、在、将"等句法内容，句子不能表示祈使，例如：

（111）回家! ＊回过家! ＊回着家!

（112）关上门! ＊在关上门! ＊将关上门!①

时态范畴在句子中应该是必有成分，是联系语言与客观事实的纽带，但在句法上句子并不一定必须具有时态特征，即使时态范畴没有通过句法表现实现化，句子也可以成立。

时态特征不具有成句性，具有时态特征的结构并不一定是独立的句子，还可以是作名词修饰语的关系从句和作动词补足语的宾语从句。例如：

---

① 带有"着、了、过"等时体附着成分的词在表示陈述句时句子合法，在表示祈使句时句子不合法。

（113） 刚看过的书就忘了。

（114） 我想小明正在看着球呢。

（115） The boy who comes from England can speak Chinese.

（116） I know that he comes from England.

例句中的关系从句和补足语从句都不是独立运用的句子，但都包含有时态特征。

有时态特征的结构要变为独立运用的句子必须再添加陈述、疑问等全句功能特征，说明时态与陈述、疑问特征不相排斥，不是同一类的范畴。陈述、疑问具有成句性，在促使结构变为独立运用的句子这一过程中，具有成句性的是陈述特征和疑问特征，而不是时态范畴。例如：

（117） John comes from England.

（118） 他曾去过上海。

（119） Does John come from England?

（120） 他去过上海吗?

例句中是可以独立运用的陈述句和疑问句，句子能够独立运用，并不是由时态特征 "－es" 和 "过" 促成的，而是由句子的陈述特征和疑问特征的成句性促成的，没有陈述和疑问等特征，有时态特征的结构也不能成为独立运用的句子，而只能是从句。

总之，时体范畴是人类自然语言的重要功能范畴，时态特征是作用于全句的功能特征，可以通过句法操作手段在句子的三个敏感位置得到实例化，时态特征是词组与句子的分界线，是许多语言句子的必有成分，但时态特征促使静态的短语具有表述性，但不能促使有表述性的结构具有独立性，变为独立运用的句子。因此与疑问特征不同，不是句子功能。

第八节　陈述范畴不是典型的句子功能

汉语语法的主流论著都将陈述句作为按照句子功能划分出来的重要句类之一，陈述句是语法研究的主要对象，其在作用上主要是告诉别人一件事或表达一个命题。也就是说大家都将陈述看作一种句子功能，但是陈述特征虽然有成句功能，但陈述特征是一种弱势特征，在句法操作中采用零手段实现化，由深层结构进入表层结构，而没有采用四种显性的操作手段，因此在句法上是一种零标记，这不符合句子功能采用四种手段在句子三个敏感位置实例化的要求，因此陈述范畴不是典型句法学意义上的句子功能。

陈述特征具有成句性，具有表述性的语法实体在深层结构中具有陈述特征，可以实例化成为陈述句，进入表层结构。只是陈述特征，是一种弱势特征，实例化采用的是没有显性表现的零手段，所以陈述句的表层结构和深层结构在线性结构上没有差别，例如，陈述句"我爱中国"和"He loves China."在深层结构上有下面形式：

（［Ch］我爱中国）

（［CH］He es LOVE CHINA）

深层结构中 CP 的核心位置具有陈述性［＋CH］的基本特征，这一特征通过零手段实例化形成表层结构的陈述句。

（121）我爱中国。

（122）He loves China.

句子的［C，CP］位置如果具有疑问特征［＋Q］，这一特征会通过显性句法操作实例化形成疑问句，例如：

　　　　[+ Q] 我爱中国　　　　　　—添加标记→　我爱中国吗？

　　　　[+ Q] He es LOVE CHINA　—移位→　Does he love China?

　　但一个句子不能同时具有陈述特征和疑问特征，陈述与疑问互相排斥，不然句子无法有深层结构进入表层结构，句子无法成立。例如：

　　（123）　＊这小伙子力气很大呢吗？
　　　　　　　＊这小伙子力气很大吗呢？

　　句中同时出现了"呢"和表示疑问的"吗"，句子不合法。句子的［C，CP］位置只有一个，具有成句功能的范畴特征只能有一个出现在句子中。

　　陈述特征具有成句性，出现在句子的［C，CP］位置，能促使具有表述性的结构从深层结构进入表层结构形成陈述句，但陈述特征是一种弱势特征，采用零手段的方法实例化，而没有采用显性的移位、删除、添加、重叠等手段在句子的三个敏感位置得到句法上的体现。几乎所有语言的陈述句在句法上都有特殊的表现。我们常说的语调平匀，末尾一般稍微下降是一个语音问题，不能成为句法上的主要特征，因此陈述句不是句法意义下的典型句子功能。①

第九节　感叹不是句子功能

　　传统语法将感叹也作为一种句子功能，认为感叹是按句子语气划

————————

　　①　徐杰先生曾建议将陈述句看作是一种零特征的句子功能，零特征是与疑问等相比而存在的一种状态，是一种区别性特征。这一建议有十分积极的意义，但以形式标准是句法学意义下的句子功能特征区别于以往所谈到的句子功能的重要原则。若将陈述归为句子功能就违反这一原则，这里不将零手段看作一种显性句法特征，所以陈述也不看作典型的句子功能。

分出的句子类型，主要作用是抒发某种强烈情感的句子。对此徐杰（1987）认为将句子划分为感叹和疑问、陈述，其实是一种误解；感叹主要是传情，而陈述、疑问、祈使等主要是达意。仁田义雄（1998）研究日语的语气时也没有将感叹作为一种语气进行研究。科姆里著名的调查问卷中并没有将感叹作为一种典型的句子功能进行调查。刘丹青（2008：30）指出许多语言的感叹句在句法机制上并没有特点。

感叹句在句法上具有一系列的特征，英语中的感叹句采用移位的手段来表达。例如

(124) What a good boy he is!

(125) How beautiful she is!

汉语中的感叹句采用"多么"等感叹语和"啊"等语气词。例如：

(126) 今天的天气多么好啊！

但这些并不是由感叹句的句法特征决定，而是由句中某些词的词汇特征决定的。李莹（2008）认为采用疑问词来表示感叹是语言的共性之一，而疑问词自身具有强的焦点特征，所以英语中的感叹句要发生移位，而汉语中的感叹句不用移位。

感叹特征缺少句法结构上的表现，不通过有限的句法操作手段在句子的三个敏感位置得到实例化，不符合句法学意义下句子功能的判断标准，因此感叹不是典型的句子功能。

第十节　句子功能的范围

句子功能是重要的语法范畴，句法学意义下的句子功能必须有形

式上的特点，这些特点必须是有限的句法操作手段在句子的三个敏感位置实例化的结果。句子功能在句法上必须能促使有表述性的结构转变为独立的句子。因此，三个敏感位置上的标记，和成句性就成了判断句子功能的标准。话题和焦点是语用－语法范畴，虽然只出现在句子中，有句法操作实例化的标记，但标记不出现在句子的三个敏感位置，不具有标记性。话题和焦点不能使表述性结构变为独立的句子，也不具有成句性，所以两者都不是句法意义下的句子功能。否定范畴和时态范畴是语义－语法范畴与话语表达的客观世界相联系，在句子的三个敏感位置采用显性的句法操作手段实例化，因此具有标记性；但否定范畴、时态范畴不能促使有表述性的结果转化为独立运用的句子，不具有成句性；不是句法学意义下的句子功能。陈述和感叹是常见的句类，具有成句性，但两者缺乏句法操作手段实例化的显性特征，因此不具有标记性，也不是句法学意义下的句子功能。我们认为同时具有标记性和成句性的句法范畴只有疑问、祈使和假设（虚拟）。因此句法学意义下的句子功能只有疑问功能、祈使功能和假设功能（我们将在后面讨论）。我们用下表来概括句法学意义下的句子功能范畴。

成句性	标记性	
＋	＋	疑问、祈使、假设
＋	－	陈述、感叹
－	＋	时态、否定
－	－	话题、焦点

小 结

语法意义必须在语法形式上得到体现是现代语法研究的基本原则之一，句子的各种范畴都必须通过有限的句法操作手段得到实例化和具体化，在表层语法形式上得到体现，句法操作手段只有添加、删除、重叠和移位四种。句子功能是作用于全句的范畴，因此要求在句子的三个敏感位置得到实例化，这和成句功能成为判定句子功能的标准，运用这一标准对焦点、话题、时体、否定、陈述、感叹等一般认为是句子功能的范畴进行鉴别，发现话题和焦点不具有标记性和成句性；时体和否定具有标记性但不具有成句性；陈述和感叹具有成句性但没有标记性，因此都不是句法学意义下的句子功能。我们认为句法学意义下的句子功能有疑问、祈使和条件，这三个句子功能相互排斥不同时出现在一个句子中，三个句子功能在句子的三个敏感位置采用四种句法操作手段实例化，造成语言表层差异；而且能促使有表述性的结构变为独立运用的句子。句法中许多现象都可以通过句子功能的实例化得到解释。

第四章

疑问特征的实例化

第一节　疑问是一种句子功能

　　句子可以按不同的标准进行分类，其中传统语法依据句子语气（作用）将句子分为四类：陈述句、疑问句、祈使句和感叹句。疑问句在语用上通常表示说话人向听话人询问，将疑问看作一种句子功能的原因也通常是由于疑问能产生不同于陈述等其他句类的语用效果。我们认为疑问是一种典型的句法学意义下的句子功能，主要原因并不是疑问范畴能够表达不同的语用目的，而是应当按照句子功能的句法学标准看疑问特征是否符合句子功能的条件，即是否具有成句性，能促使语言结构转化为独立的句子；是否作用于全句，在句子的三个敏感位置采用有限的句法操作得以实例化和具体化。

一　疑问特征具有成句性

　　我们研究的句子功能，具有的重要性质之一，就是能够促使具有表述性的结构转化为独立运用的句子，成句性是判定句法学意义下句子功能的重要标准。疑问特征作用于全句，能够促使词或短语转化为句子，具有成句功能。

　　（一）疑问特征可以促使词形成独立的句子

　　单独的词在词库中只有词汇意义和句法分类，不能表达完整的意义，例如："书包、包装、打、好"等，在词典中标识它们的词类和语意，但不是句子。即使说出"书包、包装、装腔作势、势力"等，也是词语接龙式的词汇游戏，里面的词语不表达完整的句法意义。单独的词语或结构要转化为表达交际的最小单位——句子，就必须添加句子功能。

疑问特征可以促使词转化为独立运用的独词句，单独的词如果添加疑问特征可以形成独立运用的小句。例如：

（1）［＋Q］书包　书包？　书包吗？
（2）［＋Q］好　　好？　　好吗？
（3）［＋Q］打　　打？　　打吗？

在深层结构中"书包、好、打"具有了疑问特征，不再是只有词汇意义的词语，同时具有了句子功能。疑问特征［＋Q］可以通过语音形式表现出来，形成特殊的具有疑问功能的独词疑问句。当然疑问特征［＋Q］也可以采用添加标记的手段实例化，添加疑问标记"吗"，形成是非问。添加的疑问标记"吗"不具有词汇意义，没有改变句子的基本意义，是疑问特征实例化的结果，是疑问特征的体现。可见疑问特征能促使只有词汇意义的词形成具有疑问功能的疑问句。

（二）疑问特征促使具有表述性的结构形成句子

具有表述性的结构能够表明一个意旨，体现特定的意图，这样的结构可以形成独立运用的句子，也可以处于另外的句子中充当句法成分。例如"他很认真"。

（4）他很认真　　　　他很认真。
（5）我知道他很认真　他很认真的时候。

"他很认真"具有表述性，可以添加具有成句功能的陈述特征，形成独立运用的陈述句"他很认真"。也可以作为一个静态的结构出现在动词宾语的位置，充当宾语从句"我知道他很认真"。还可以作为定语修饰名词形成定语从句"他很认真的时候"，具有表述性的结构只有添加"成句功能"的特征才能变为独立运用的句子。

疑问特征可以促使具有表述性的结构变为疑问句，若结构具有疑问特征，但不能独立运用则不合法。例如：

（6）a［＋Q］他很认真

　　　b 他很认真吗？

　　　c＊他很认真吗的时候？

　　　d＊你知道他很认真吗？

深层结构中具有疑问特征的结构"［＋Q］他很认真"只能变为独立运用的句子"他很认真吗？"，而不能再修饰名词充当关系从句，也不能再作小句充当主要动词的补足语成分，不然句子就不合法，"他认真吗的时候"不能说。"你知道他很认真吗"中的"吗"作为全句的疑问特征表现对主句中的主谓结构询问时，相当于"你知不知道他很认真"时可以成立，但作为宾语从句的特征相当于"你知道他很认真不很认真"时句子不合法。①

英语中具有疑问特征的结构［＋Q］只能通过移位的手段实例化，与汉语一样，移位后形成的结构只能是独立运用的句子，不能充当句法成分，不然句子就不合法。例如：

（7）a He will come tomorrow.

　　　b I know that he will come tomorrow.

　　　c The time that he will come tomorrow.

① 当主句的主要动词是"猜"等本身具有疑问特征的词语时，"吗"可以附着于从句。例如：你猜他会来吗？这类句子的特点与动词的性质有关，我们将在以后的研究中进一步讨论。

（8）a［＋Q］He will come tomorrow.

　　b Will he come tomorrow?

　　c ＊I know that（if）will he come tomorrow.

　　d ＊The time will he come tomorrow may be 7：00.

深层结构中具有的疑问特征"［＋Q］He will come tomorrow"，可以通过移位的手段使特征实例化，由深层进入表层结构形成一般问句"Will he come tomorrow?"，但不能作为主语从句和宾语从句充当句法成分，不然句子就不合法。

综上所述，疑问特征可以促使词语和句法结构形成独立运用的疑问句，具有疑问特征的结构只能是能够独立运用的句子，不能是充当句法成分的从句。可见，疑问特征只作用于全句，具有典型的成句功能。

二　疑问特征在三个敏感位置实例化，得到形式上的标记

句法学意义下的句子功能必须在形式上有所体现，这些表现从根本上是由于句子功能在句子的三个敏感位置通过移位、重叠、添加和删除等句法操作实例化的结果。句子功能必须在句子的三个敏感位置采用有限的句法操作实例化以得到形式上的体现是鉴定句法学意义下句子功能的重要标准，也是将句子功能从语用学、语义学甚至是修辞学和逻辑学等领域中分离出来，回归句法学的唯一手段。语法形式上没有特定语法效应的句子功能都不是句法学意义下的句子功能。

疑问特征是一种在形式上具有特定语法效应的全句功能，疑问特征虽然不具有语音形式，在深层结构中不以线性方式出现，但它可以运用句法操作在句子的三个敏感位置实例化和具体化，在语法形式上产生不同的表现。

徐杰（2001、2002、2010）都指出，疑问特征可以通过有限的句法操作手段"加标、移位、重叠"进行实例化，在句子的三个敏感位置句首、谓首和句尾得到语法形式上的体现。李莹（2009）进一步论

证，认为疑问是一种作用于全句的功能范畴，这一全句的功能范畴要通过有限的操作手段在三个句法敏感位置得以实例化。这里我们只结合前人的研究简单说明。

（一）疑问特征可以通过移位实例化

疑问功能在深层结构中表现为没有语音形式的疑问特征，可以码化为［＋Q］，疑问特征［＋Q］可以通过移位的手段实例化和具体化，使处于谓头位置的成分移位到句首，在表层结构中形成动词在前、主语在后的倒装形式。例如：

英语中：

（9）Will John marry Mary?

（10）Can Tom do this work today?

（11）Does Jack read that book?

本应在主语之后出现的助动词"will""can""does"出现在句子中心的位置，由于疑问特征［＋Q］必须得到表层结构上的体现，发生"I—C"的移位，从句子的谓首位置移位到句首位置，形成了英语中的疑问句。

古英语是一种屈折变化丰富的语言，表达疑问特征的要求可以使动词从"I"位置移位到"C"位置，形成倒装的结构表示疑问特征，形成疑问句。例如：

古英语（引自 Radford 200：225）：

（12）Call you this gamut?

（13）Came you from church?

印欧语系中许多语言都可以采用移位的手段使疑问特征得以实例化，从深层结构进入表层结构在句法形式上表现出特定的语法效应。

（二）疑问特征通过加标的手段实例化

添加疑问标记使深层结构中的疑问特征得到实例化是许多语言采用的句法操作手段，添加的疑问标记可以是助词，也可以是屈折形式，疑问标记出现的位置在句首、句尾和谓首三个句法敏感位置。

汉语疑问特征可以通过句尾添加疑问标记"吗"的手段实例化，形成汉语中的是非问句，也可以在谓首敏感位置添加疑问标记"可"。例如：

（14）你从北京来吗？

（15）你可从北京来？

汉语许多方言的疑问标记"阿、克、格"都出现在句子的谓首位置，这在前人的研究中已经得到了充分的论证。例如：

（16）吴语苏州话：耐阿晓得？（你知不知道？）（引自朱德熙 1985，10—11）

（17）阿要吃点茶？（要不要喝点茶）

（18）你格认得？（你认不认得？） 昆明话（邵敬敏、周娟 2007：113）

（19）这条裙子格漂亮？（这条裙子漂不漂亮？）

（20）你克相信？（你相不相信？） 合肥话（同上）

（21）你克喜欢看电影？（你喜不喜欢看电影？）

日语是一种 SOV 型，谓头位置"I"和［C、CP］都处于句尾的位置，日语的疑问标记是一种强制使用的操作手段，所有的疑问句无论是是非问句还是包含有特指疑问词的特指问句都必须添加疑问标记"ka"。例如：

（22）John – wa　　nani – o　　tabe – ta　　no desu　　ka

　　约翰—话题　什么—宾格　吃—过去时　疑问语气　疑问标记

约翰吃了什么？

（23）Anata – wa　　honwo　kaimasu　ka?

　　　你　　主格　书—宾格　买　　疑问标记

你买书吗？

　　中国境内部分少数民族的疑问标记是一种屈折语素，附着于动词，与动词结构合为一个整体，表现为动词的疑问形式。例如：

　　独龙语：（24）na^{53}　　ŋaŋ^{55}　　ma^{55}nw^{31}ŋɑʔ^{55}（孙宏开 1982：176）

　　　　　　　　　你　　水　　疑问前缀 – 喝

你喝水吗？

　　普米语：（25）tʂa^{55}　ʂø^{55}　　bie^{55}　　ŋau^{55}　　ɛ^{13}bo^{55}（陆绍尊 1983：81）

　　　　　　　　　　扎西　　助词　　钱　　（疑问）有

扎西有钱吗？

（三）疑问特征通过重叠手段实例化

　　疑问特征可以通过移位和加标的句法操作手段得到实例化和具体化，促使句子由深层结构进入表层结构，在句法形式上得到特定的语法效应；疑问特征也可以通过重叠的操作手段得到实例化，形成疑问句。重叠操作手段也发生在句子的三个敏感位置。

　　现代汉语疑问句可以通过正反重叠的方式形成正反问，发生重叠的是句子的谓语部分①。例如：

---

　　① 汉语中的正反问句可以有多种形式，各种形式之间的关系有待进一步的考证。

（26）你走不走？

（27）你吃不吃？你吃饭不吃？你吃不吃饭？

（28）那个人漂不漂亮？那个人漂亮不漂亮？

如果汉语的句子中包含有情态助动词，表示疑问只能是助动词发生重叠，而不能是动词重叠。例如：

（29）a 你会不会去？

　　　b 你会去不会？

　　　c * 你会去不去？

这说明重叠操作发生在助动词出现的位置，是句子中心"I"的位置。

汉语方言和国内的少数民族语言中还存在用谓语发生正正重叠的方式表示疑问。例如：

山东招远方言（罗福腾 1996：229—234）：

（30）你去去？（你去不去？）

（31）这是是你的东西？（这是不是你的东西？）

山东长岛方言（同上）：

（32）家干干净？（家干不干净？）

（33）长的苗苗条？（长的苗不苗条？）

湖北随州话（黄伯荣 1996：256—257）：

（34）吃吃饭哪？（吃不吃饭哪？）

（35）有有我的？（有没有我的？）

彝语（引自倪大白 1982）：

（36）nw^{33}　bo^{33}　bo^{33}
　　　你　　去　　去

你去不去？

（37）nw^{33}　dʑa^{33}　dʑw^{33}　dʑw^{33}　o^{34}
　　　你　　饭　　吃　　吃　　了

你吃没吃饭？

畲语（引自马学良 2003：681）：

（38）muŋ^{31}　nuŋ^{35}　nuŋ^{35}
　　　你　　吃　　吃

你吃不吃？

（39）ni^{55}　naŋ^{22}　hɔ^{11}　fwen^{35}　fwen^{22}
　　　那个　　山　　高　　高

那个山高不高？

综上所述，疑问特征只存在于独立运用的句子之中，不能出现在充当句法成分的短语和小句中，疑问特征能够促使具有表述性的结构独立运用转化为句子，所以疑问特征具有成句性，疑问特征在深层结构中表现为没有语音形式的特征 [＋Q]，这一特征作用于全句，并且通过有限的句法操作手段"移位""重叠""添加标记"等在句子的三个敏感位置实例化，由深层结构进入表层结构，语法形式上得到体现，形成有别于其他句法特征的疑问句。这些符合句法学意义下句子功能的判定标准，是我们研究的句子功能。

第二节　前人对疑问句的研究

疑问句在句法上有不同于陈述句的特殊形式，在思维和语言交际中占有独特的地位，自然为语法学者所关注，成为语法研究的焦点问题之一；国内外对疑问句研究的深度和广度都超越了其他句类的研究。不过，国内的研究偏重于语言事实的挖掘，对疑问句的句式、语义、语用、分类、疑问程度等方面进行细致入微的研究。国外语言学则侧重于疑问句所具有的共性，并希望通过疑问句窥探人类语言的共性，进一步修正语法原则。两者的着眼点虽然不同，却都为我们的研究打下了坚实的基础。

一　传统疑问句的研究

马建忠（［1898］1983：460）以词为本位，按照助字所传达的语气将语气分为两大类：传信和传疑，并根据疑问的语用将其分为三类。传疑助字六"乎、哉、夫、吁、耶、诸"是也。其为用有三：一则有疑而用以设问者；二则无疑而用以拟议者；三则用以咏叹者，三者用虽有不同，要以传疑二字称焉称。

黎锦熙（［1924］1992：241）主张以句子为本位，本质上是句法成分本位，但在疑问句研究方面继承了马氏的学说，以助词为基本依据，将疑问句置于"语气——助词细目"中论述，将疑问句分为"表然否的疑问句""助择或寻求的疑问句"以及"无疑而反诘语气"。

吕叔湘的（［1944］1982：281—287）开始真正对疑问句进行比较细致而深入的研究。吕叔湘（［1944］1982：281—287）将"询问、反诘、测度"总称为疑问语气，并将疑问分为特指问和是非问（包括选择问）两大类，并讨论了反诘问、间接问句和特指问句的应用问题，并且提出了疑问点、疑问程度、疑与问的区别和联系，形式与功能之间的共变关系等一系列非常有价值的课题，这些课题奠定了现代汉语疑问句研究的基础。

黄伯荣（1958：12—26）认为影响句子语气或用途的分类主要有四种因素：①语调。②语气助词。③语序。④说话人的态度表情。其中语调起着非常重要的作用。这一观点代表了当时语法学界的一般认识，也是传统语法常见的分类方法。在分类的基础上比较了四类问句的主要结构特点。另外他还分析了"表示猜想的疑问句"和"表示反诘的疑问句"。

陆俭明（1982、1984）标志着疑问句由宏观的论述分类研究转变为微观细致的描写研究。范继淹（1982）从人机对话的角度和目的研究是非问句，将疑问句按层次进行分类。林裕文（1985）和吕叔湘（1985）都着重从理论探讨疑问句，进行疑问句的相关理论研究。

邵敬敏（1996）《现代汉语疑问句研究》代表 20 世纪疑问句研究的新水平，文中以三个平面为理论基础，对疑问的各个层面和句型都有意识地从句法、语义、语用三个平面进行探讨，作者总是在语法形式的基础上进行语义分析，并联系语境进行语用功能的探讨，着力点在语义和语用分析上，而分析研究的基础和归宿都是形式结构。

现代汉语疑问句的研究课题主要集中于以下几个方面。

（一）疑问句的分类问题

疑问句的分类问题一直是现代汉语疑问句研究的核心议题之一，不同的语法学者根据不同的理论背景，从不同的着眼点出发划分出的疑问句之间的亲疏关系也不相同。虽然徐杰先生指出疑问句是从句子功能的角度划分出来的句类，而疑问句的分类和再分类则是完全以结构特征为依据，不符合逻辑上统一律的要求，并通过形式语法的思想将疑问范畴从疑问句中剥离出来，认为所谓的疑问句式不过是"具有普通适用性的句法格式在一定的句法环境中表达了跟疑问有关的意义范畴"，①并判定所谓的疑问句式的语法特征实质上是某些词汇项跟"针对疑问范畴的语法处理方式以及其他有独立存在意义的语法规则相互作用造成的现象"。但假设范畴的作用域是整个命题，关于疑问句系统的内部分类问题依然是汉语疑问句所关注的热点。

现在广为接受的是"暂拟汉语教学语法系统"从疑问的结构形式特点将疑问句分为四类：是非问、正反问、选择问和特指问，这四类

---

① 参看：徐杰、李英哲 1987、徐杰 2001：168—171。

问句在句法结构上各有特点，"是非问"在句尾采用语气词"吗"，而其他的句类只使用语气词"呢"，正反问在句法形式上使用"V不V"的句法结构。选择问通常将两个或多个选项并列，使用选择词"还是"，特指问在句法上最大的特点是包含了表示疑问点的特指疑问词。

$$
\text{疑问句}\begin{cases}\text{是非问}\\\text{正反问}\\\text{选择问}\\\text{特指问}\end{cases}
$$

"暂拟汉语教学语法系统"分类系统，是一个平面系统，不具有层次性，无法判定各种问句间的亲疏关系，虽然有利于语言教学和学习，但不利于语言的深入研究。

吕叔湘（1985）认为，特指问和是非问是疑问句的两种基本类型，正反问句和选择问句是从是非问句中派生出来的，它们都是由两个是非问合并而成。例如：

你去？你不去？ →你去不去？
你去？我去？　 →你去还是我去？

疑问句的内部关系如图：

$$
\text{疑问句}\begin{cases}\text{特指问（基本类）}\\\text{是非问（基本类）}\begin{cases}\text{正反问（派生类）}\\\text{选择问（派生类）}\end{cases}\end{cases}
$$

朱德熙（1982：202—204）认为，疑问句是由陈述句转换而成，"只要把相应的陈述句的语调变为疑问语调，就成了是非问"；"在相应的陈述句中代入疑问词语，加上疑问语调就变成了特指问"；"把陈述句的谓语部分换成并列的几项，再加上疑问语调，就变成了选择问句"。三类疑问句是通过不同的手段由陈述句转换而来的。

疑问句的内部关系如图所示：

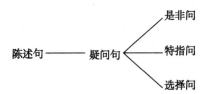

林裕文（1985）从疑问的结构形式来给疑问句分类，将①是否包含疑问代词。②"是 A 还是 B"的选择形式。③"X 不 X"的正反并立形式。④语气词和语调四项特点作为疑问句的分类基础。

疑问句的内部关系如图所示：

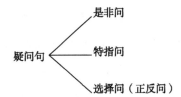

陆俭明（1984）也从结构形式上对疑问句进行分类，在《由"非疑问形式＋呢"造成的疑问句》中具体比较了疑问句各种类型的特点，认为特指问与选择问是由疑问形式的语言成分构成的，而是非问则是由非疑问形式的语法成分构成的；特指问与选择问末尾、语气词使用"呢"而不能使用"吗"，相反是非问则只能使用"吗"而不是使用"呢"。疑问句的分类如图：

$$
疑问句
\begin{cases}
疑问句形式问
\begin{cases}
特指问 \\
选择问（正反问）
\end{cases} \\
非疑问形式问———是非问
\end{cases}
$$

范继淹（1982）以语义理解和人工智能为出发点，以语句的交际功能为标准，对疑问句进行分类，他认为除特指问句外，其他的疑问句都是一种选择关系，是非问是选择问的一种特殊形式。因此疑问句的分类如图：

$$
疑问句
\begin{cases}
特指问 \\
选择问
\begin{cases}
特指选择问 \\
是非选择问
\end{cases}
\end{cases}
$$

邵敬敏（1996：4—6）将所有的疑问句都看作是一种选择，其中是非问和正反问是一种是非型的选择；而特指问和选择问是一种特指性选择，前者主要是肯定或否定的回答，而后者则是针对性的回答。将特指问和选择问看作一类主要由于：①特指问和选择问都是选择针对性的回答；②特指问和选择问的外延都是开放性的；③选择问的范围是确定的，而特指问的选择范围受语境的影响也完全可能是确定的。因此，疑问句的内部系统关系如下：

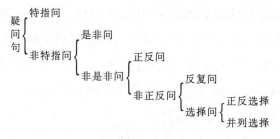

疑问句 { 是非选择问 { 单项是非选择问（是非问）/ 双项是非选择问（正反问）；特指选择问 { 有定特指选择问（选择问）/ 无定特指选择问（特指问） }

袁毓林（1994）提出建立一个兼顾历史和方言的汉语疑问系统。他认为靠语调构成的是非问和靠疑问语气词"吗"构成的是非问虽然都属于是非问，但从历时观点看，靠语气词"吗"的是非问归入反复问更好。从共时性的角度看，疑问句的结构如图所示：

疑问句 { 特指问；非特指问 { 是非问；非是非问 { 正反问；非正反问 { 反复问；选择问 { 正反选择 / 并列选择 } } } }

综上所述，一般都认为汉语疑问句系统内部的亲疏关系不同，可以进行分类，并通过不同的角度建立汉语疑问句的内部分类系统，疑问句的分类系统代表了语法学者对疑问句的总体把握和细致观察，因此一直是汉语疑问句研究的热点问题。

（二）疑问语气词的研究

汉语的疑问句不用像英语一样采用移位的手段来表示，汉语疑问句的句末时常会出现语气词，因此汉语疑问语气词的研究也成为语法学者关注的重点。

早期的疑问句研究以疑问语气词为纲（传疑助词），这样的研究侧重于书面语，将语调和语气词的作用混为一谈，缺乏准确性；同时对语气词的作用与意义的分析仅凭语感，缺少验证和比较，缺乏科学性。

胡明扬（1981）重视口语的研究，注意分辨同一语气词在口语中的不同变体及其表示的不同意义；特别注意将语调所表示的意义与语气词所表示的意义区分开，重视语气词自身意义的研究，是新时期语气词研究的发轫之作，他指出，"呢"的主要作用是提醒对方注意，不具有疑问功能，因此也就不是疑问语气词。

陆俭明（1984）着重理论上的分析和语法形式上的验证。他认为要判断疑问句尾的语气词是不是疑问语气词，必须"看它是否真正负载疑问信息，这一点又必须能在形式上得到验证，验证的方法是比较"。通过对语气词"啊、呢、吧、吗"进行逐一的分析得出结论，汉语中的疑问语气词有两个半："吗"、"呢"、和半个"吧"。是非问句的疑问信息由"升调"和"吗"分别承担，"呢"不承担疑问功能，不是疑问语气词，但在"非疑问形式＋呢"构成的疑问句中"呢"负载疑问信息，是疑问语气词；"吧"表示信疑之间的语气，算半个疑问语气词；"啊"不承载任何疑问信息，是表示口气的语气词。

邵敬敏（1989）认为，即使在"非疑问形式＋呢"这一类疑问句中"呢"也不承担任何疑问信息，疑问句的性质不是由语气词"吗"和"呢"决定的，相反疑问句的性质决定了使用什么样的语气词。"呢"的主要作用是提醒对方注意，是是非问句的一种形式标志，这一标志的有无不影响疑问句的性质。

史金生（2000）通过对三种环境中的"呢"的使用情况进行考察指出，"呢"的基本语义功能是表疑惑；在不同的语境中还有以疑问句、追问等附加功能，在语法上有成句的作用。

（三）疑问句的其他研究

吕叔湘（［1944］1982：281—287）将"疑"和"问"区分开，认为"疑"和"问"的范围不一致，有传疑而不发问的句子，如"大概会走吧"，这类句子可以用疑问句的语调，也可以不用疑问句的语调。同时存在不疑而故问的句子，如"这还用说?"表达的意义是"这不用说"。另外还存在介于疑信之间的，有疑问之形而无疑问之实的测度句。实际上是将疑问句按不同的疑问程度分为了"询问、测度"和"反诘"三类。

徐杰、张林林（1985）主要考察疑问的类型和疑问程度之间的关系，并且将疑问程度进行量化，分为100%、80%、60%、40%四个等级，指出疑问程度和疑问句式之间有密切的关系，疑问程度越高表达形式受到的限制就越多，可选的疑问句式就越少；反之，疑问程度越低，表达形式受到的限制就越少，可选的疑问句式就越多。高程度疑问句的典型句式适应的范围最广泛，而低程度的典型句式适应范围最窄。

黄国营（1986）将吕叔湘的三种程度具体化为五种；李宇明、唐志东（1991：17—21）将疑问句分为高疑问句、低疑问句和无疑而问句三类；邵敬敏等（2009：115）则认为疑问句中的信和疑是两种相互制约的因素，两者互为消长，信多一分，疑就少一分；反之，疑增一分，信就少一分。对疑问程度起决定作用的首先是疑问句类型，其次是疑问句语气词；句中的某些副词、助动词和疑问句的语境也会对疑问程度有所影响。

刘月华（1987）指出"吗"问句有三种询问意义。刘月华（1988）则主要讨论了语调构成的是非问句的形式特点和表达功能。邵敬敏（1995）重点讨论了"吧"字是非问的四种语法意义并比较了各种疑问句的疑问程度。邵敬敏（1994）对选择问从形式到意义都进行了全面细致的分析和观察，总结出了选择问句的形式特点，并由此归纳出选择问句的五种基本类型；在此基础上进一步根据前后选项的语义关系，总结出三种语义类型。吴振国（1994）指出选择问的同指成分都可以按一定规则进行删除，但不同句式的删除规则并不相同。邵敬敏（1994）全面地分析了正反问的删略变化以及应用价值，指出南方方言的"V 不 VO"格式有取代北方方言的"VO 不 V"的趋势。

陆俭明《由"非疑问形式 + 呢"造成的疑问句》指出"W + 呢"问句有两种形式："NP + 呢""VP + 呢"。这种问句不用于始发句，在本质上为是非问的一种简略形式。"W + 呢"用于始发句表示询问人或物的所在，不作始发句时则不限于询问处所。李宇明（1989）认为"呢"主要有两种语义：①询问人或物的所在；②其他情况：认为"Np 呢"在句式上属于特指问带"呢"问句的简略形式，但在语义上可以理解为是非问，这是由语形和语义错综性而造成的。李大勤（2001）赞同大多数人关于"呢"不承载疑问语气的看法，但他认为"呢"是该问句疑问语气得以形成的一个重要内在因素。

朱德熙（1985）认为在某些方言中"可 VP"问是一种反复问句，而且"可 VP"和"VP 不 VP"两种反复问句无论在历史上还是现代始终相互排斥不在同一方言中共存。朱文的发表引起了广泛的关注，并有一系列的研究对其观点进行讨论商榷。王世华（1985）认为在扬州方言中存在两种反复问共存的现象，认为这是受到其他方言的影响，是不同方言留下的痕迹。刘丹青（1991）对"可 VP"问是一种反复问提出质疑，认为是非问是人类疑问系统的普通共性，"可 VP"问应当归属为是非问，并从多个角度进行证明。施其声（1990）指出汕头方言中存在"可 VP"、"不 VP"和"可 VP"与"VP"混合型三种形式。贺巍（1991）对上述的研究进行了小结，并在理论上进行了较深的探索。

二　形式句法对疑问句的研究

20 世纪五六十年代西方的语言理论逐渐变成形式语法为主流。许多学者也以形式语法为理论背景研究汉语的疑问句。王士元（1967）就分析了汉语的反复问句。在以后的几年里疑问句的研究一直是生成语法的热点问题。

Baker（1970）认为疑问句在本质上是在生成时包含了一个疑问成分 [+ Q]，不含有疑问成分的句子只能是陈述句不可能是疑问句。Li（1992）也认为包含有疑问成分是形成疑问句的必要条件。生成语法认为英语的一般疑问句是疑问成分［＋Q］作中心语的 CP，由疑问特征的强势词缀（strong affix），引发句子中心的移位从而形成倒装的疑问句。

黄正德（1988）认为反复问和选择问在句法上应属于不同类型，两者的生成机制并不相同，选择问由复句经过并列、删除产生；而反复问并不是；同时黄又通过词汇自主原则①认为我们通常所说的正反问句也由不同的深层结构生成，因此也应当分为不同的类。

程凯（2001）详细考察了汉语是非疑问句的各种表现，并通过最简方案中的不对称理论的同序框架推导了各自的生成过程，为汉语的语序问题研究提供了实证支持，对我们的研究产生了巨大的影响。

总之，传统语法对疑问的研究集中在讨论疑问句的语法作用、疑问句的内部系统分类和疑问句句末语气词的讨论上。在研究上着重对疑问句进行细致的描写，对于疑问的生成，虽然朱德熙先生（1982：202—204）认为疑问句由陈述句转化而来，但并没有更深一步地探求疑问句的深层规律，没有对疑问句进行全面系统的解释。国外语法学者更多地从形式结构的角度考察疑问句，对疑问句的本质进行探讨，以期通过对疑问句生成机制的研究解释、解决疑问句相关的问题。

第三节　疑问特征及一般疑问句的生成机制

疑问是人类语言的基本范畴之一，也是语言研究的热点之一。与英语疑问句的整齐划一相比，汉语的疑问句显得形式各异；我们认为两者之间的差异是由两种语言疑问特征［＋Q］的强弱参数不同造成的，汉语中的句调问、是非问、正反问和"可 VP"问是弱势疑问特征［＋q］在不同的句法位置采用不同的句法操作手段实例化形成的表面现象，四者虽然有不同的形式，但有相同的本质，可以推导出来。通过一般疑问句生成机制的研究可以重新梳理汉语疑问句的亲疏

_____

　　① 词是句法操作的最小单位，所有的句法操作都在词以上的层面进行。

关系，将特指问和选择问归为词汇特征疑问句，将是非问等四类归为句法特征疑问句；并解决诸如"可 VP"问的性质、"呢"的属性等有争议的问题。

一　英汉极性疑问句之间的差异

疑问是人类语言最重要的功能范畴之一，疑问句也自然成为语言研究的热门课题，由于理论背景的不同，疑问句研究的重点也各异，国外语言学费心于疑问句的生成过程，而国内语言学劳神于疑问句的分类区别。传统语法从结构到意义到语用对疑问句做了深入细致的研究，真正体现了观察充分和描写充分，为我们的研究奠定了坚实的基础。

疑问句的分类是现代汉语疑问句研究的核心问题之一，由于观察角度和理论背景的差异，学者们对疑问句的分类情况也不太相同，有的分为三类，有的分为四类，根据邵敬敏先生的归纳总结，疑问句的分类情况有六类之多。目前广为接受的是从形式和回答方式上将疑问句分为四类：特指问、是非问、正反问和选择问。例如：

　　（40）你什么时候来？　你去哪呢？　　　　　　（特指问）
　　（41）你回来吗？　　　你也去？①　　　　　　（是非问）
　　（42）你去不去武汉？　你是不是中国人呢？　　（正反问）
　　（43）你回家还是去学校？　　　　　　　　　　（选择问）

另外汉语中还存在一种特殊的"可 VP"问句，由于地位尚有争议，我们直接称之为"可 VP"问。例如：

　　（44）你可是武汉人？　你可去过北京？（"可 VP"问）

---

　　①　不用疑问助词"吗"的是非疑问句，称为句调问，两者之间有差距，这里暂时看作一类。

各类疑问句在结构和回答形式上各有特点：特指问包含有表示未知成分的特指疑问词，句尾可以用语气助词"呢"，也可不用；回答特指疑问句要针对未知的疑问点进行回答，不能用"是"或"不是"回答。是非问一般句调上扬，句尾用疑问语气助词"吗"，要求用"是""不是"回答。正反疑问句要求使用动词或助动词的正反重叠构成"V不V"形式①，句尾不能使用语气助词"吗"，而只能使用"呢"，回答要使用"是""不是"。"可VP"问句有明显的疑问标记"可"，要求做"是""不是"回答。选择问带有明显的选择标记词"还是"，要求回答者针对选项做出选择。

英语中要求用"yes"和"no"回答的疑问句称为一般疑问句或极性疑问句（polarity question），有且只有一种形式，采用"主-谓倒装"的手段，产生一种助动词在前，主语在后的语序；并且英语中无论是何种类型的疑问句都必须采用这一形式表示疑问。例如：

（45）Will you marry me?（是非问）

通过英汉疑问句的比较我们不难发现：英语中的一般疑问句只有一种形式，而汉语中用"是，不是"回答的疑问句有多种形式；我们认为这些现象的产生是由于英语具有强势的疑问特征［＋Q］，而汉语中的疑问特征是弱势的［＋q］，两者之间的参数差异以及对疑问特征采用不同的句法操作手段共同作用形成的结果。本书通过对一般疑问句的生成机制分析，解决汉语中一般疑问句形式多样的问题②。同时根据疑问特征的不同性质对汉语疑问句重新分类；还指出汉语的语气词"呢"不承载疑问特征，不是疑问语气词。

---

① 正反疑问句有多种形式，可以是"VP不VP"，也可以是"VP不V""V不VP"等，这里都是用"V不V"来表示。

② 特指问句问题将在下一节另做研究。

二　主要的句法操作手段

句法操作是在句法特征和句法原则的推动下通过各种手段使句子发生相应变化从而符合句法要求的方法，其中深层结构如何生成表层结构是句法操作的重点。从表面上看，句法操作手段千变万化，但是徐杰指出在句法形式上能采用的生成句子的手段只有四种：①改变语言单位的顺序，称为移位；②添加没有词汇意义只有句法意义的虚词，称为添加；③使某种句法单位发生重叠，称为重叠；④删除某些句法成分，称为删除，所有的句法操作都是这四种手段的运用。在句法特征的实现过程中还有一种零手段，即底层结构中有弱势语法特征，不采用显性的句法手段使句法特征得以实例化，进入表层结构。

许多语言的陈述范畴都默认为弱势的句法特征，采用零手段这一隐性的方式使陈述特征实例化，使句子由深层结构进入表层结构，得到合法的句子。例如：

（46）英语　　[＋Ch] I　LOVE　CHINA.（深层结构）

（47）汉语　　[＋Ch] 我　　爱　中国。（深层结构）

句子表达陈述时位于句子"C"位置的句子功能特征为弱势的陈述特征 [＋Ch]，所以可以不通过显现的句法操作手段得到体现，采用零手段，使陈述特征 [＋Ch] 得到实例化；句子由深层进入表层，生成合法的句子：

（48）英语：I love China.（表层结构）

（49）汉语：我爱中国。（表层结构）

需要指出的是，同一范畴在不同的语言中可以采用不同的句法操作手段得以实现，同一语言的同一范畴可以采用多种句法手段得以实现，但是趋向于一种手段为主，其他为辅。采用哪种手段因表达者的喜好和语言环境的差异而不同。

三　一般疑问句的生成机制

传统语法认为疑问句是独立的语法现象，并采用切分的手段将其划分为不同类型的句式。形式语法认为，疑问句不是独立的语法现象，它只是语法范畴的体现，是范畴实例化的结果，没有独立的句法地位。在底层结构中，陈述句、疑问句、感叹句、祈使句并没有本质的差异，它们最主要的不同是位于句子"C"位置的全句功能范畴差异，疑问句本质上就是疑问特征投射到句法层面的表现，是疑问特征的实例化，没有独立的语法地位。

（一）英语一般疑问句的生成

英语的一般疑问句没有特指疑问词，通过助动词在前主语在后的"主－谓倒装"句式来表示疑问。英语的一般疑问句是对句子本身的真假性进行提问，回答一般疑问句要使用"yes"或"no"。例如：

（50）A：Will you marry me?

　　　　B_1：Yes，I will.

　　　　B_2：No，I won't.

Baker（1970），Li（1992）等都认为疑问句在生成时具有疑问特征［＋Q］，它作为一种没有语音形式的非线性范畴出现在"CP"的核心"C"位置，是判断疑问句的标准。Radford（2000：223—234）认为英语的疑问特征是一种强势特征［＋Q］，必须通过显性句法操作手段得以实例化；英语最常用的办法是谓首移位，将位于句子中心［I，IP］位置的成分吸引移位到"C"位置，使疑问特征［＋Q］实例化，形成一般疑问句。例如，一般疑问句"Will you marry me?"在深层结构中为"［＋Q］YOU WILL MARRY ME"；强势的疑问特征［＋Q］对中心位置"I"的成分有吸引力，迫使"will"发生移位，占据"C"位置，使强势疑问特征［＋Q］有所依附，形成"Will you marry me?",我们用下面的树形图表示"Will you marry me?"的生成过程。

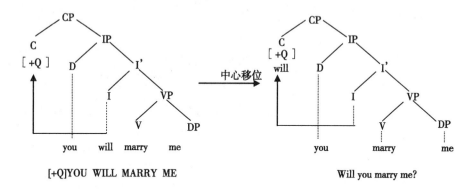

[+Q]YOU WILL MARRY ME　　　　　　　　　Will you marry me?

显然,英语中的疑问句的形成是疑问特征[+Q]实例化的结果,疑问句形成所采用的句法操作手段——移位,是为了使疑问特征得到体现,使疑问范畴实例化。①

强势特征[+Q]必须得到依附和体现的要求产生了移位动力,可以促使"C"位置对处于"I"位置的任何成分产生吸引,使之发生移位,而不论该位置是什么成分。英语中移位的是助动词;法语、德语、古英语、意大利语、丹麦语等印欧语中的"I"位置都由动词占据,因此发生移位的必定是动词,形成一种动词在前,主语在后的倒装语序。例如:

（51）法语例:Travaillez　vous　aux　Etats – Unis? （引自董秀英、徐杰 2009）
　　　　　　　　　工作　　你　　在　　　美国
你在美国工作吗?

（52）德语例:Kennest　du　Herrn Li? （引自董秀英、徐杰 2009）

────────────

① 最简方案认为"will"移位的原因是要核查处于"C"位置的疑问特征[+Q],使[+Q]得到核查,在句法上得到体现,两种说法本质上是一样的。

知道　　　你　李先生

你认识李先生吗?

（53）古英语例：Saw　you　my　master?　　（引自 Radford 2000：225）

看到　你　我的　主人

你看见我主人了吗?

（54）丹麦语例：Kommer　du　i　morgen?　　（引自刘丹青 2008：5）

来　　　　你　在　明天

你明天来吗?

（二）汉语一般疑问句的生成机制

与英语疑问句的整齐划一相比，现代汉语的疑问句形式多样，除了特指问和选择问外，还有是非问、正反问以及特殊的"可 VP"问，以前的学者都将它们作为独立的疑问句式进行研究。我们认为两类语言疑问句式的差异是由两种语言疑问特征的强弱参数设定不同造成的，英语的强势疑问特征要求英语只能用一种手段使疑问特征实例化，汉语的弱势特征可以在不同位置采用不同的句法操作手段得以实例化，造成汉语疑问具有多样性这一表面语法现象。

1. 汉语是非问句的生成

汉语是非疑问句的句尾一般带有表示疑问的疑问语气助词"吗"，"吗"已经成为了是非疑问句的形式标记，带有"吗"的句子一定为是非疑问句。汉语的是非疑问句可以直接采用句子的句调表现出来，这样的疑问句与陈述句在结构上没有任何差别。例如：

（55）他是武汉人（呢）。　　　陈述句

（56）他是武汉人?　　　　　　疑问句

（57）他是武汉人吗?　　　　　疑问句

　　是非疑问句在本质上是普通句子带上了疑问功能范畴，与陈述句相比，两者只有功能范畴的不同，以及实现范畴特征采取的句法操作手段不同，两者在底层结构上没有任何差别，所不同的是陈述句包含的陈述特征〔＋CH〕是一项默认的弱势特征，一般通过零手段操作实例化，而是非疑问句包含的疑问特征〔＋q〕可以通过添加标记的句法操作表现出来，实现实例化。以"他是武汉人"为例。

　　"他是武汉人"表示疑问时，在"C"位置包含有表示疑问功能的疑问特征，由于汉语的疑问特征是弱势特征，我们用〔＋q〕来表示；疑问句"他是武汉人"具有"〔＋q〕他是武汉人"这样的底层结构，〔＋q〕可以通过零形式实例化，由深层结构进入表层结构，形成"他是武汉人？"这样的句调疑问句①。

　　〔＋q〕特征也可以采用添加疑问标记"吗"的手段实例化，进入表层结构，形成"他是武汉人吗？"这样的是非疑问句。我们用下面的图表示是非问句的生成。

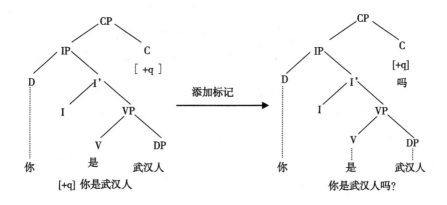

　　从句子的生成机制来看，并不是句子的语气助词"吗"决定了句子成为疑问句；相反，是疑问句的疑问特征要求汉语采用添加标记的手段来实例化，决定了语气助词"吗"的出现。只有当句子的"C"

---

　　① 疑问句在句法上使用零形式，但在语音和语汇上会有所体现，没有标记的疑问句在句调上采用不同于陈述句的上升句调。

位置存在有疑问特征［＋q］时，"吗"才能出现在句子中；如果小句不表示疑问，在句子的"C"位置没有疑问特征［＋q］，或者疑问特征［＋q］发生了移位，不在"C"位置，那么"吗"就不能出现在句子中，不然句子就不合法。例如：

（58）＊他是武汉人吗。（表达陈述意义）

2. 汉语正反疑问句和"可 VP"疑问句的生成

弱势疑问特征［＋q］不会固定于"C"位置，它可以移位到句子中心"I"位置，这一操作我们称之为特征下降。一般认为移位是由较低的句法位置上移到较高的句法位置，以满足约束理论。但是特征是没有语音形式，不是句法成分，不会在原来的句法位置留下语迹，因此不受约束原则限制；所以疑问特征［＋q］可以从"C"位置下降到"I"位置。

从"C"位置下降到"I"位置的疑问特征［＋q］需要通过句法操作手段实例化，得到句法形式上的体现，具体的操作手段会因语言的不同而有差异，有的语言选择添加疑问标记，有的选择重叠，可能有的选择移位，句法操作手段的不同会使语言在表层结构上出现差异，但语言的疑问特征在本质上没有区别。汉语的疑问特征下降到"I"位置后，可以通过重叠的手段实例化，得到句法上的体现，以"你是武汉人"为例，在表达疑问功能时，它具有"［＋q］你是武汉人"这样的底层结构。处于"C"位置的［＋q］特征可以下降到句子中心"I"位置，形成"你［＋q］是武汉人"这样的结构，位于"I"位置的［＋q］特征可以通过重叠的句法操作手段实现实例化，汉语普通话采取正反重叠的手段形成正反疑问句"你是不是武汉人？"，进入浅层结构，句子合法。我们用下面的树形图来表示。①

――――――――――――

① 汉语中的句子功能应在句尾位置，这里为了作图方便将"C"画在了左侧。

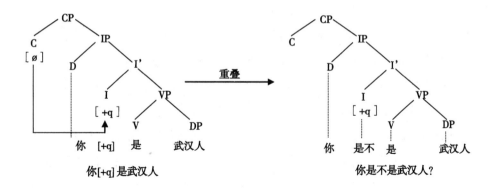

你[+q]是武汉人　　　　　　　　　　　你是不是武汉人?

　　汉语的有些方言和少数民族语言可以采用正正重叠的手段而不是正反重叠的形式来体现疑问特征，使疑问特征实例化。例如：

（59）福建长汀客家方言（黄伯荣 1996：256—257）：

粥食食？（稀饭吃不吃？）

要要纸票？（要不要钱？）

（60）江西于都客家方言（引自谢留文 1995）：

明朝你去去赣州？（明天你去不去赣州？）

食食酒？　　（你喝不喝酒？）

（61）彝语（引自倪大白 1982）：

nɯ^{33}　　bo^{33}　　bo^{33}？

你　　去　　　去

你去吗？

nɯ^{33} dza^{33}　dzɯ^{33}　dz ɯ^{33}　o^{34}？

你　饭　　吃　　吃　　了

你吃饭了吗？

　　我们认为选择正反重叠和正正重叠只是语言重叠句法操作手段的运用差异，是表面的语法现象，不是语法的本质，在本质上两者都是对位于"I"位置的［+q］弱势疑问特征的实例化，没有区别。

3. 汉语"可 VP"问句的生成

位于"I"位置的疑问特征可以通过重叠的手段实例化形成正反疑问句，也可以通过添加标记的手段实例化，使［＋q］得到依附，在句法层面得到实现。各种语言和方言添加的标记可以不尽相同。汉语普通话添加的是疑问标记"可"，构成了"可 VP"疑问句，还以"你是武汉人"为例，处于"C"位置的疑问特征［＋q］通过下降到"I"位置形成了"你［＋q］是武汉人"这样的结构，位于"I"位置的［＋q］特征可以通过添加疑问标记"可"的办法实例化，形成疑问句"你可是武汉人?"，疑问特征得到体现，进入表层结构，句子合法，形成汉语的"可 VP"疑问句。如图：

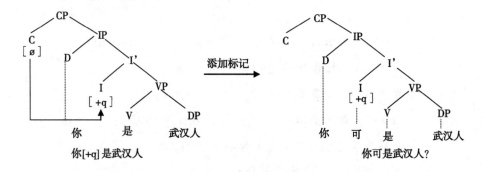

你[+q]是武汉人   你可是武汉人?

4. 汉语一般疑问句的统一性

汉语疑问句在底层结构中包含弱势的疑问特征［＋q］，弱势的疑问特征可以通过零手段实例化，形成句法上没有任何标志的句调问；也可以通过添加标记的手段添加语气助词"吗"，形成汉语的是非问；疑问特征可以从"C"位置下降到"I"位置，并通过重叠的手段表现出来，形成汉语的正反疑问句；也可以通过添加标记的手段实例化，形成汉语的"可 VP"问。我们以"你是武汉人"来说明它们的生成：

深层结构   ［＋q］你是武汉人   零手段   你是武汉人?
句调问

　　添加标记 你是武汉人吗？ 是非问

　　特征下降 你［＋q］是武汉人 重叠手段 你是不是武汉人？正反问

　　（方言）你是是武汉人？ 正正问

　　添加标记 你可是武汉人？"可 VP"问

　　（方言）侬阿是武汉人？

　　我们不难看出，汉语一般疑问句具有多种形式在本质上是汉语的弱势疑问特征在不同的句法位置通过不同的句法操作手段形成的表面语法现象，各种一般疑问句有着共同的底层结构和弱势疑问特征，也由此具有最近的语法关系。

四 疑问句的生成机制和疑问句相关现象的解释

　　早期疑问句的研究大多数是静态的观察和讨论，由于角度和理论的不同，许多问题一直存在争议，从疑问句的生成来看，这些问题大都可以得到合理的解释和解决；同时，这些问题的解释和解决也是对疑问句生成机制的佐证。

　　（一） 疑问句之间的关系

　　现代汉语疑问句的句式类别长期是汉语疑问研究的热点课题，学者们对汉语的疑问句应当分为几类，各类之间的关系等问题存在分歧；虽然大家普遍接受根据结构和形式将疑问句划分为"是非问""特指问""正反问"和"选择问"四类，但各类之间的亲疏关系依然很难判别。

　　从疑问句的生成机制看，我们不难对疑问句进行分类。根据疑问特征的不同将疑问句分为"词汇特征疑问句"和"句法特征疑问句"两大类；全句功能疑问句又可以根据疑问的位置和采用的句法操作手段进一步地分为四类；词汇疑问句可以根据词汇特征分为"特指问"和"选择问"。如图：

$$\text{汉语疑问句} \begin{cases} \text{词汇特征疑问句} \begin{cases} \text{特指疑问句} \\ \text{选择疑问句} \end{cases} \\ \text{句法特征疑问句} \begin{cases} \text{句调疑问句} \\ \text{是非疑问句} \\ \text{正反疑问句} \\ \text{“可 VP” 问句} \end{cases} \end{cases}$$

特指问和选择问的疑问特征来源于特指疑问词和选择词"还是"的词汇特征，可以归为词汇疑问句；句法疑问句的疑问特征来源于全句功能范畴［＋q］，需要通过不同的句法操作手段来实例化，因此可以划为全句功能疑问句。从疑问句的生成机制上得到的疑问句的分类可以从语言形式上进行验证。

1. 疑问句的回答

从疑问句的回答上看，特指问和选择问有共同的特征，需要回答者针对疑问词的疑问点进行回答，不能用点头和摇头回答。例如：

（62）A：你是哪儿人？

　　　B：北京人。　　＊B：是。　　＊B. 点头/摇头

（63）A：你是北京人还是武汉人？

　　　B：北京人。　　＊B：是。　　＊B. 点头/摇头

是非问、句调问、正反问和"可 VP"问都是全句疑问特征［＋q］的实例化，都是对句子自身的疑问，因此可以采取相同的回答方式。例如：

（64）A：你是武汉人？　　　　　B：是的。/不是。　　B. 点头/摇头

　　　A：你是武汉人吗？　　　　B：是的。/不是。　　B. 点头/摇头

　　　A：你是不是武汉人？　　　B：是的。/不是。　　B. 点头/摇头

A：你可是武汉人？　　　B：是的。/不是。　B. 点头/摇头

可见各种疑问句的形式虽然各不相同，但是特指问和选择问的回答方式与其他四种疑问句的回答方式明显不同，应当属于不同类型的疑问句；而是非问、句调问、正反问和"可VP"问虽然在表面表现形式各异，但是由于具有相同的全句疑问特征［＋q］，因此采用相同的回答方式，应当属于一类。

2. 内部转化

特指问和选择问都是词汇自身所带的词汇疑问特征的表现，两者都需要针对词汇疑问特征进行回答。由于特指问在语言中的强势共性，选择问常常可以转换为特指问，黄正德（1988）指出特指问本质上是在一定范围内的选择，可以转化为选择问。例如：

（65）你让小王去还是让小张去？　　（选择问）
　　　→小王和小张你让谁去？　　　（特指问）
（66）今天去好还是明天去好？　　　（选择问）
　　　→今天和明天哪天去好呢？　　（特指问）

是非问、句调问、正反问和"可VP"问是相同的疑问特征［＋q］在不同的句法位置采用不同的句法操作手段实例化的结果，因此四者可以相互转化，例如：

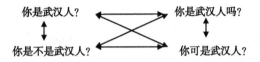

各种疑问句之间能够相互转化的基础是具有相同的底层结构和共同的疑问特征，转化的本质是［＋q］特征的句法操作的重新选择。

3. "可VP"疑问句的性质

朱德熙（1985）指出"可VP"和"VP不VP"两种反复问句在

方言中相互排斥，有的方言采用"可VP"形式，有的方言采用"VP不VP"形式，两种反复问句无论在历史上还是现代始终相互排斥，不在同一方言中共存。由此也可以认为"可VP"疑问句是一种反复问句。刘丹青（2008：2）指出人类语言普遍存在的基本疑问类别有两种：一为是非问，二为特指问；有的"可VP"类语言（如吴语）中没有"VP吗"式的是非问，也没有"VP不VP"的正反问句，不能认为该语言中没有是非问，应当将"可VP"问看作是非问，而不应当是正反问句。而且用其他手段表示功能上相当于普通话"VP吗"或"VP不VP"的句式都应看作是非问内部的小类。①

　　如果孤立地看朱先生和刘先生的论断似乎存在矛盾。朱先生认为"可VP"是正反问的小类，刘先生认为"可VP"问句是是非问的小类。如果从疑问的生成机制上看，"可VP"问、是非问、正反问本质上就是属于同一类疑问句；在疑问特征上没有差异，只是［＋q］的句法位置不同，采取的句法操作手段不同。如果从关系上看，正反问和"可VP"问的关系更亲密一些，因为两者［＋q］的位置相同，只是由于采用的句法操作手段不同而表现得不同。

　　（二）"呢"的问题

　　汉语的疑问语气助词一直存在争议，其中关于"呢"是否是承载着疑问信息的疑问语气助词是争议的焦点所在。"呢"可以出现在陈述句的句尾，也可以出现在疑问句的句尾。朱德熙（1982：207—214）将用于不同位置的"呢"区分开来，认为位于疑问句句尾的"呢"是表示疑问的疑问语气助词。胡明扬（1981）首次提出不同的意见，他认为"呢"只有一个，语法意义是"提请对方特别注意自己说话内容中的某一点"，不承载疑问信息，不是疑问语气助词。持相同意见的还有邵敬敏先生。

　　如果我们将"吗"与"呢"出现的互补性，以及"呢"的词性

---

① 孙宏开（1995）认为，"可VP"问句是谓语特指疑问句，"可"是特指疑问句的标志。

特征通过疑问句的生成机制来考察将能得出更准确的答案。

"吗"的出现是位于"C"位置的疑问特征［＋q］实例化的结果，"吗"出现在句子中的重要条件是在"C"位置有疑问特征［＋q］；如果［＋q］下降，"C"位置已经没有疑问特征［＋q］，"吗"当然也不能出现在句子中了。特指问句和选择问句的疑问特征是疑问词自身的词汇特征，在句法层面上也没有疑问特征，所以"C"位置也没有疑问特征［＋q］，"吗"不能出现在句子中，不然句子就不合法。例如：

（67）a 你是武汉人吗？

b＊你是不是武汉人吗？

c＊你可是武汉人吗？

d＊你是哪里人吗？

e＊你是武汉人还是北京人吗？

是非问以外的各种一般疑问句中的疑问特征已经通过其他手段表达，在其他句法位置得到实例化，"C"位置已经没有［＋q］特征，所以选用"呢"这一不表达疑问的语气助词。由于"C"位置没有疑问特征［＋q］，语气词"呢"自然也就没有疑问特征可承载，所以"呢"只是语气词，可以出现在陈述句中，也可以出现在疑问句中，但两个"呢"都不承载疑问信息，不是疑问语气助词。

（三）疑问句的排斥和组合

1. 疑问句的组合

一般认为特指疑问句的句尾应用语气词"呢"，而不能使用疑问语气助词"吗"。我们在前面分析了其中的原因，但是词汇疑问特征与句法疑问特征有可能会同时出现，形成同时具有两个疑问特征的双重疑问句。例如：

（68）你要吃点什么吗？

（69）这里来过什么贵人吗？

邢福义（1987）详细讨论了这一句式的结构、句式和语用特点，指出这种句式具有"特指问"的标记，即带有"疑问词"，同时又包含"是非问"的基本特征，以疑问语气词"吗"结尾，是一种疑问组合造成的兼类现象。李宇明（1997）指出这种疑问句的组合中，特指疑问词已经退化，疑问功能已经弱化。

这一类疑问句是兼有词汇疑问特征和全句功能疑问特征的双重疑问句，表达者由于对语句不肯定，因此在句法上使用了全句功能特征[+q]，又由于特指问自身所带的词汇疑问特征与句法无关，所以形成这种特殊的疑问句式，可见词汇疑问特征与句法疑问特征可以兼容组合，不相互排斥。

从回答上看，这种兼容的疑问句在做否定回答时可以用"不、没有"，在做肯定回答时则要求针对特指疑问词回答。例如：

（70）A：你要吃点什么吗？

　　　B_1：不。／B_2：来点面包。／*B_3：是。

针对特指疑问词"什么"的回答，说明特指问的疑问功能没有消失；同时对疑问句的否定回答与是非问一样说明该疑问句有是非问的功能。

处于"C"位置的[+q]也可以下降，通过其他句法操作实例化形成多种双重疑问句。例如：

（71）你吃不吃点什么呢？

（72）他最近可去过什么其他地方？

上面的疑问句是由疑问词"什么"和"V不V"、"可VP"结构组成双重疑问句，可见，正反问和"可VP"问与特指问之间也能兼容，不存在排斥。

通过分析我们可以知道汉语中的疑问句可以由词汇形式和句法疑问特征两种不同属性的疑问特征生成，这两种特征可以同时出现于同一结构而不相互排斥。

2. 疑问句的排斥

特指疑问句和句法特征疑问句之间可以兼容，组合成兼有两者特征的疑问句形式，本质上是词汇疑问特征和句法疑问特征在不同的层面上，可以互不影响。是非问、正反问和"可VP"问是相同的句法疑问特征在不同句法位置采用不同的句法手段实例化的结果，可以推断他们之间有排斥性，不能相互组合。如果一个句子中同时出现两个句法疑问特征的表现手段句子就不合法。例如：

（73） ＊你去不去北京吗？　（正反问＋是非问）

（74） ＊你可去不去北京？　（"可VP"问＋正反问）

（75） ＊你可去北京吗？　（"可VP"问＋是非问）

（76） ＊你可去不去北京吗？（"可VP"问＋正反问＋是非问）

一般疑问句的句法疑问特征［＋q］只有一个，各种一般疑问句都是疑问特征的不同体现，一个疑问特征只能通过一种操作手段在一个句法位置实例化，所以一般疑问句之间存在排斥，不能出现在同一疑问句中。

总之，与英语疑问句的整齐划一相比，汉语的疑问句形式各异，疑问句的句式研究一直是汉语疑问句的热点问题，但是我们认为两种语言的差异只是表面现象，深层的原因是两者疑问特征的强弱不同。汉语的疑问特征为弱势，在不同的句法位置采用不同的句法操作手段形成不同的疑问句式；［＋q］特征在"C"位置通过零手段实例化形成句调问；通过添加标记实例化形成是非问；［＋q］特征下降到"I"位置通过重叠实例化形成正反问；通过添加标记形成"可VP"问。

各种不同句式，只是句法操作手段选择不同，在本质上四者有一致性。

第四节　特指疑问句的生成机制

一般疑问句是全句功能特征［＋Q］在不同的句法位置通过不同的操作手段实例化得到的表层结构，在本质上是同样的特征的不同表现。特指疑问句与一般疑问句不同，不是全句功能特征的实例化，而是词汇疑问特征实例化的结果。

一　特指问句的语法特点

传统语法认为，特指问是具有独立语法地位的疑问句类型。特指问是人类自然语言疑问基本功能类别之一，在语用上是对针对未知的特指疑问点的提问，要求回答者针对疑问点进行回答，而不能用肯定和否定回答。

在语法形式上，特指疑问句最主要的语法特点是句子中包含有表示未知内容的疑问词，形成不同的疑问句。例如：

（77）张飞去哪儿了？

（78）张飞什么时候来？

（79）张飞怎么来？

（80）谁从河北来？

特指疑问句包含特指疑问词"哪儿、什么、怎么、谁"等，特指疑问词在性质上可以是代词，也可以是副词，在句法中可以充当主语、谓语、宾语、状语等句法成分。特指问句的句尾可以使用语气词"呢"，但一般不使用疑问语气词"吗"。例如：

（81）张飞去哪儿了呢？

　　＊张飞去哪儿了吗？①

　　汉语疑问句在句法上并没有特殊之处，与一般的句子相比，只是具有针对不同的未知部分采用不同的疑问词代替。例如：

　　（82）张飞昨天骑马去河北了。

　　　　　针对主语：谁昨天骑马去河北了？

　　　　　针对时间：张飞什么时候骑马去河北了？

　　　　　针对方式：张飞昨天怎么去河北了？

　　　　　针对地方：张飞昨天骑马去哪了？

　　英语的特指问句，除了句中包含有疑问词外，在句法上还必须发生移位，特指疑问词要移位到句首，而助动词要从原来的［I，IP］位置移位到句子的［C、CP］位置，形成倒装。例如：

　　（83）Who will John marry？

　　特指疑问词 who 是动词 marry 的内部论元，在深层结构中，它应该出现在 VP 的内部，英语是一种 SVO 句型，在线性结构上，who 应当位于动词之后。表示时态的助词 will 原生于句子中心 I，在 D 结构中应位于谓首位置，例句应当有下面的深层结构：

　　（84）John will marry whom？

　　与表层结构的句子相比，不难看出 who 从 VP 的动词之后移到了位于句首的［Spec，CP］位置，在原来的位置留下语迹 t_i，"will"从句子中心［I，IP］位置移位到［C、CP］的位置，在原来的位置留

――――――――――――

① 当表示双重疑问时句子合法。

下 t_j，我们用下面的树形图来表示：

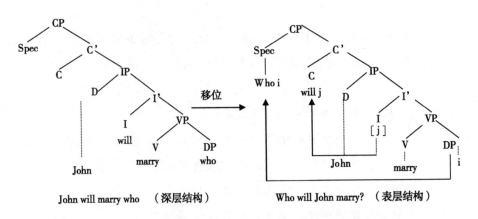

John will marry who　（深层结构）　　　　Who will John marry?　（表层结构）

只发生 wh - 移位，不发生助动词移位的句子不能表示疑问句或表示疑问不合法，只发生助动词移位而不发生成 wh - 移位构成的结构也不合法。例如：

（85）＊Who John will marry?

（86）＊Will John marry who?

英语特指问句必须进行 wh - 移位，使表示未知成分的 wh - 短语移位到句首，同时助动词也必须发生"I—C"的移位，占据句子的 [C，CP] 位置。

对比英汉两类语言的特指问句不难发现，两者都具有表示疑问点的特指疑问词，所不同的是，英语类语言需要发生特指疑问词和助动词的移位，而汉语不需要发生移位，在基本结构上与陈述句相同。这一现象得到了广泛的关注。

生成语法学者认为具有疑问意义的 CP 中心与具有陈述意义的 CP 中心不同，具有疑问意义的 CP 在其中心 C 具有"wh - 特征"，标记为 [＋Wh]；而陈述意义的 CP 不具有"wh - 特征"，可以标记为 [－Wh]。具有 [＋Wh] 特征的 [C、CP] 要求标志语位置同样有一个具有"wh - 特征"的短语出现，以保持"标志语 - 中心语一致"。最简方案则认为疑问成分移位到［C，CP］位置的原因是为了将其本身具有的［＋Wh］特指与中心语［C，CP］位置所具有的［＋Wh］特指进行核查。Chomsky（1992，1995）认为特征没有经过核查的成分无法进入逻辑语义层面从而得到语义上的合理解释，因此不合法。汉语是一种非移位的语言，短语词不发生移位，是由于汉语的［C，CP］中所具有的［＋Wh］特征是一种弱势特征，不需要得到强制性的核查，因此不需要移位。

黄正德（1982）认为表面上看英语的疑问词发生了移位，而汉语的疑问词不发生移位，但疑问词在逻辑式上由于是一种表示未知的量化词，因此都发生了移位，只不过英语是一种显性移位，发生在句法结构中，而汉语是一种隐性移位，发生在逻辑式中，认为特指疑问词发生移位的主要原因是为了在逻辑式上得到量化要求。

徐杰（2001：184—190）认为疑问特征［＋Q］和焦点特征［＋F］是两个独立的非线性特征，在句法中分别采用不同的句法操作手段实例化，特指疑问词在词汇中同时具有了疑问特征［＋Q］和焦点特征［＋F］，英语中表现焦点特征［＋F］的手段是采取移位焦点成分至句首，所以英语的特指疑问成分必须移位使焦点特征具体化；而汉语的焦点特征不用移位的手段实例化，因此不需要发生成分移位。

特指问句最大的特点是具有特指词这一特殊的词汇，wh－成分在词汇结构中具有疑问特征和焦点特征，特指疑问句的句子功能是由词汇特征辐射的。对全句疑问功能敏感的语言，对词汇疑问特征一般也敏感，采用显性的句法操作手段实例化；汉语类语言则对疑问特征不敏感，可以不用显性句法操作手段，在句法形式上没有明显的特征，特指问句在本质上是词汇特征辐射到句法层面并实例化的结果。

二　特指问句的生成机制

1. 词汇疑问特征的先决性

词汇疑问特征在疑问系统中具有先进性。按照生成语法的基本理论，人类大脑的语言器官包括词库和一个推导程序（运算系统

C_{hl}）。推导程序从大词库中选择词项，推导出句子基本结构，然后由大脑的其他执行系统进行语音和语义解释，词库中的词项通过推导产生深层结构，深层结构经过各种原则通过各种手段使特征实例化产生表层结构，最后通过逻辑式 LF 和语音层面 PF 进行语音系统和语义系统上的解释。这一推导规程通常被称之为"T—模式"。①如图所示：

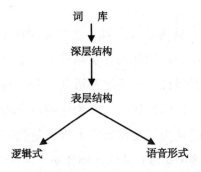

最简方案中取消了深层结构和表层结构，认为 PF 和 LF 是语音推导仅有的两个层次。词库为句法过程提供所需的词汇和功能性成分，并且认为语言的变异只发生在词库范围之内，词的基本词义、句法功能、构词中的派生和屈折变化都属于词库中的变化特征。最简方案认为语言的生成有下面的结构：

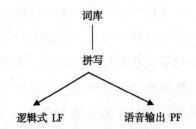

无论是在管约论时期还是最简方案时期，都将词库作为语言生成的基础，词的语法特征和语法性质不用句法操作的推导，而在词库中规定。因此，词的语法特征先于句法操作系统而存在。

---

① 参看温宾利（2002：16）的论述。

疑问可以在词汇、语法和语音中得到实现，特指疑问词所具有的疑问特征和焦点特征是在词汇中规定的，是 Wh – 成分的天生属性，这种［＋Q］特征独立于句法功能的疑问范畴，是在基础形式的词库中指定的。

2. 英语特指问的生成机制

英语是一种特指疑问特征强势语言，特指疑问词在词汇意义中只表示疑问意义，因此具有强势的词汇疑问特征［＋Q］；同时疑问词是一种焦点成分，本身具有强焦点特征［＋F］。在深层句法结构上特指问句和陈述句没有区别，但 Wh – 成分所具有的词汇疑问特征［＋Q］会辐射到句子的全句，使全句具有疑问功能，使［C、CP］位置包含疑问特征［＋Q］，英语中的疑问特征要通过句子中心移位的手段，使助动词由句子中心移到［C、CP］位置得到实例化；同时"Wh – 成分"所具有的焦点特征也必须通过移位的手段，移到句首取得实例化。我们以 Who will John marry? 为例说明特指问的生成。

特指问的深层结构与一般陈述句除了特指疑问词的特征之外没有区别，所以特指问 Who will John marry? 有下面的深层结构：

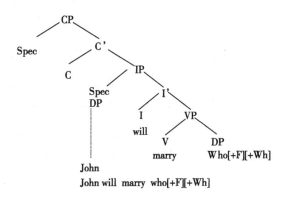

英语是一种全句功能敏感型语言，句中的词汇所具有的疑问特征敏感，词汇疑问特征可以影响全句功能，在［C、CP］产生疑问特征［＋Q］，可以用下面的树形图来表示：

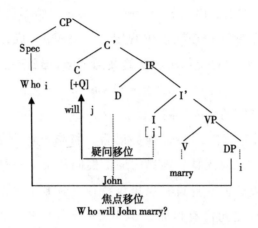

焦点移位
Who will John marry?

　　处于［C、CP］位置的强势疑问特征必须得到依附，英语采用移位的手段，使助动词从句子中心"I"位置移位到［C、CP］位置，使疑问特征［+Q］得到体现。同时 Wh - 短语所具有的焦点特征［+F］也必须得到实例化，英语采用将焦点成分移位到句首的手段体现焦点，所以 Wh - 短语必须移位到句首［spec，CP］位置，特指疑问词移位与疑问特征没有直接关系。两者是相互独立的特征，采用相互独立的操作手段。

　　英语特指疑问的实例化在本质上是 Wh - 成分自身所具有的词汇特征的实例化，所以特指疑问句所具有的疑问特征与一般疑问句不同，不是全句自身所具有的，而是 Wh - 成分的词汇疑问特征给予的，没有 Wh - 成分，整个句子就是一般的陈述句，就不具有全句的疑问功能。助动词"will"发生"I—C"的移位是为了满足［+Q］特征得到显现，采用移位的手段实例化的结果。Wh - 成分移位是为了自身所具备的焦点特征［+F］实例化。疑问特征［+Q］和焦点特征［+F］都是 Wh - 成分自身在词库中所标记的特征，与句法无关。两个特征要分别在句子的表层结构中得到体现，体现两个特征所采用的句法操作手段与一般特征实例化的手段相同。与英语相同，特指疑问词的疑问特征和焦点特征都必须得到线性结构上体现的还有爪哇语和马来语等语言。例如：（引自何元建 2007：183）

爪哇语：（87）［Neng ndi］i　kowe　leh　ngombe　　（ti）

　　　　　　　在哪里　　　你做　饮　酒行为

mau　yo

刚才（疑问标记）

你刚才在哪里喝的酒？

马来语：（88）［Berapa　orang　penuntut］ᵢkah　　　　dia

　　　　　　　多少　　量词　　学生－焦点标记　　　他

ada　tᵢ

有

他有多少学生？

英语的选择问句是由包含词汇疑问特征的"or"和助动词发生移位构成，选择问句与特指疑问句在本质上都是词汇包含着疑问特征［+Q］，句子的［C，CP］位置对词汇疑问特征敏感，生成句法上的疑问特征。例如：

（89）Does he like oranges or apples?

与特指问句相同，"C"对词汇"or"所具有的词汇疑问特征敏感，因此全句具有疑问功能。处于［C、CP］位置的全句疑问特征［+Q］需要采用移位的手段实例化，促使处于句子中心"I"的助动词移位于"C"位置。但选择问的词汇项"or"在词库中具有疑问特征［+Q］不具有焦点特征［+F］。不用采用移位的手段表达焦点，所以不发生移位。

英语表示任指的代词"whatever、whoever、whenever"等，在句中必须移位出现在小句句首，不然句子就不合法。例如：

（90）Whoever you are.

（91）Whatever you buy.

（92）＊You are whoever.

（93）＊You buy whatever.

这类词在词库中与表示未知的疑问词有相同的焦点特征，焦点特征［＋F］实例化的手段是移位焦点成分至句首，因此"whoever"等任指代词必须位于句首。但它们在词库中并不包含疑问特征［＋Q］，所以句子不具有疑问功能［＋Q］。在［C，CP］位置不具有作用于全句功能的疑问特征［＋Q］，自然也就不能采用移位手段使助动词发生移位，不然句子也不合法。例如：

（94）＊Whoever are you?

（95）＊Whatever do you buy?

3. 日语的特指问句

日语与英语在特指问的句法结构上有相似之处，都包含表示疑问点的特指疑问词，但日语特指问采用添加标记的手段实例化，而不是移位的手段。在特指问句的句尾添加疑问标记"ka"，表示未知信息的成分不发生移位移至句首。例如：

（96）Anatawa　　naniwo　　kaimasu—ka?（引自徐杰 2001：174）

　　　你—话题 什么—宾格 买—疑问标记

你买什么?（你买什么吗?）

（97）John—wa　　nani—o　　　tade—ta　　desuka?（引自何元建 2007：184）

　　　约翰—话题　什么—宾格 吃—时态 疑问标记

约翰吃了什么?

日语与英语一样是一种句法疑问功能对词汇疑问特征敏感的语

言，全句功能会因为句中包含特指疑问词而具有全句疑问特征
［＋Q］，这一特征与英语中的情况一样。但是日语针对全句疑问功能
［＋Q］采取的实例化手段与英语不同。英语采用移位手段使助动词
发生"I—C"的移位，从句子中心［I，IP］的位置移位至［C，CP］
的位置；日语则采用的是添加标记的手段使［＋Q］特征实例化，日
语是一种 SOV 语言，在句子的［C，CP］位置，在线性处置上表现为
句尾的位置添加疑问标记"ka"。

日语中的疑问词在词库特征中被规定了具有疑问特征［＋Q］和
焦点特征［＋F］，全句功能对词汇疑问特征［＋Q］敏感，在［C，
CP］位置产生疑问特征［＋Q］，并通过添加疑问标记"ka"的手段
使之实例化和具体化在线性结构中得到体现。日语的焦点成分不需要
采用显性标记实例化。因此，日语的特指疑问词不需要像英语那样移
位至全句的句首，也不用添加焦点标记。与日语相同的还有蒙古
语等①。

4. 汉语类特指问的生成机制

与英语类句子功能对词汇疑问特征敏感类语言相比，汉语类语言
的句子功能对词汇所包含的疑问特征不敏感，处于［C、CP］位置的
句子功能不会对词汇疑问特征［＋Q］作出反应，汉语中的特指问和
选择问句都采用的是一种零手段的实例化方式，使句子由深层结构进
入表层结构，因此除了选用包含有疑问特征的疑问词之外没有显性的
句法特征。例如：

"他买了什么"在深层结构中为：他买了什么［＋q］，词汇特征
［＋q］是疑问特征，但不是位于句子的［C、CP］位置，已经得到词
汇层面的体现，不用通过句法操作手段实例化在语表层面体现。

现代汉语对词汇疑问特征［＋q］和焦点特征［＋F］都不敏感，
在句子［C、CP］位置没有疑问特征［＋Q］，所以不能采用显性的
句法手段进行实例化。特指疑问句的表层结构和深层结构具有相同的

---

① 参看何元建 2007：184。

线性结构。古代汉语对词汇所具有的焦点特征〔+F〕敏感，需要用移位的手段使焦点特征〔+F〕实例化。因此古代汉语特别是上古汉语的特指问形成一种特指问在前的语序。例如：

（98）吾谁欺？欺天乎？（《论语·子罕》）

（99）宋何罪之有？（《墨子·公输》）

（100）沛公安在？（《史记·项羽本纪》）

（101）责毕收，以何市而反？（《战国策·齐策》）

（102）子归，何以报我？（《左传·成公三年》）

例句中本应处于动词宾语位置的疑问词移位到动词之前，在本质上是疑问词自身所具有的焦点特征在句法上采用移位的手段实例化的结果。

如果汉语中特指问词所具有的特征在词库中受到抑制，那么这个句子就不具有疑问特征，句子也不表示疑问。例如：

（103）他没买什么。

（104）张三三年前去了什么地方。

（105）谁已经把路修好了。

这时的疑问词"什么、谁"在词库中都不具有疑问特征，虽然全句包含有疑问词，但句子本身不具有疑问特征和疑问功能，不表示疑问，只是表示虚指。

与汉语相同全句功能对词汇疑问特征不敏感的语言还有印地语、阿拉伯语。例如：

印地语（引自何元建 2007：183）：

（106）Tnm－ne　　us－ko　kyaa　diyaa?

　　　　你－作　　　他－与　什么　给——过去时

你给他了什么东西?

(107) Tum　kyaa　paRh‒naa　caahte ho?

　　　你　什么　读‒非假定　要 现在时态助词

你想读什么?

阿拉伯语:(引自何元建 2007:183)

(108) Mona　shaafat　meno?

　　　梦娜　看见过去时　谁

梦娜看见了谁?

(109) Meno　shaafat　Mana?

　　　谁—宾语 看见—过去时　梦娜

梦娜看见了谁?

印地语和阿拉伯语的特指问句中都出现表示未知的特指疑问词"kyaa(什么)、Meno(谁)",但全句功能对疑问词所具有的词汇疑问特征[+Q]不敏感,因此不采用显性的句法手段进行实例化。特指疑问句除了包含特指问词外,在句法结构上与一般的陈述句没有区别。

小　结

疑问范畴是自然语言的重要范畴,也是句法学研究的重点。疑问特征能够促使具有表述性的结构独立使用,转化为独立运用的句子,具有成句性;疑问特征必须通过有限的句法操作手段在句子的三个敏感位置实例化和具体化,使疑问特征得到线性句法层面上的体现。疑问特征满足句子特征的判定标准,是典型的句法学意义下的句子功能。通过对疑问特征线性实例化的研究,我们发现表面上看英语中的疑问句整齐划一,汉语中具有多样性。本质上是英汉两种语言的疑问特征是强弱参数设定不同造成的,是疑问特征实例化和具体化的结果。特指疑问句是特指疑问词的词汇特征决定的,是词汇特征辐射至句子的 C 位置并得到实例化的结果，句子对词汇疑问特征的敏感参数和句子对焦点不同的实例化决定了特指疑问句的线性差异。总之，疑问特征是一种典型的句法学意义下的句子功能，疑问特征的实例化和具体化形成了疑问句各种不同的线性结构和差异。

第五章

祈使功能的线性实例化

祈使是人类自然语言的共同特征之一，一般将祈使作为一种句子语气或者一种句子的交际作用对待，认为祈使是说话人命令、请求、禁止，听话人做或者不做某事的句子。例如：

（1）把门关上！

（2）不要走得太快！

（3）请你帮个忙！

但是在本质上，祈使是一个没有语音形式的特征，这一特征在表层结构中得到体现，形成所谓的祈使句，这种祈使特征就是一种句子功能，祈使特征在深层结构中可以码化为［Imp］，通过有限的句法操作手段在句子的三个句法敏感位置得到实例化，在线性结构中得到体现，形成表层结构的祈使句。各种语言祈使句的表面差异本质上是由于祈使特征，在不同的句法敏感位置通过不同的句法操作手段实例化的结果，可以推导出来，许多和祈使句有关的问题也可以通过祈使特征的实例化得到解决。

第一节　祈使是一种句子功能

一般认为祈使句是按照句子功能划分出的句子类别，汉语的主流著作都认为祈使句是句类的一种。例如朱德熙（1982，23—24）指出，"从句子的功能来看，我们又可以将它分为陈述句、疑问句、祈使句、称呼句和感叹句五类"；持相似看法的还有吕冀平（2000：351）、吴启主（1990：439）、刘叔新（2002：249—251）、黄伯荣、廖序东（1991：99）、范晓（1998：16—19）等。

判断一个特征是否为句法学意义下的句子功能，要看这一特征是否为句子所特有，是否具有成句功能；是否在句子的三个敏感位置实例化，在句法线性结构上得到体现。而前贤们所论及的语调下降是一个语音问题，祈使句选择有自主性的动词和形容词作谓语，并且常常使用"千万、不许、请、别"等词是一个词汇层面的问题；句末常常使用标点符号"！"则是一个书写的问题，都不是典型的句法问题。

一　祈使特征具有成句性

祈使特征是一种具有成句性的语法特征，一个句法结构附着有祈使特征就能变为独立运用的句子，而作为句子组成部分的小句和静态的构件单位没有祈使特征。例如：

(4) 走——走！——走吧！

(5) 吃饭——吃饭！——吃饭吧！

(6) 你走的时候。

　　＊你走吧的时候

(7) 团长命令你走。

　　＊团长命令你走吧

例句中的独词句"走"附着有祈使特征，可以通过语音形式得到体现，形成语音层面的独词祈使句；也可以通过添加"吧"的手段形成祈使句。作为短语和小句的"你走"可以出现在其他短语中，例如作为小句充当名词的定语，充当动词的补足成分等。但是带有祈使标记"吧"的结构"你走吧"只能是独立的祈使句，不能是关系从句和补足语成分，不然句子就不合法。

可见祈使特征能促使句法单位变为句子，并且祈使特征只能出现在独立运用的小句中，不能包含于其他短语或句子。

二　祈使特征必须在句子的三个敏感位置实例化

祈使范畴的作用范围是全句，不是某个句法成分，祈使范畴促使深层结构的句子变为祈使句，祈使特征的实例化操作手段不是针对某个句法成分，而是整个句子，句法操作的位置必须是句子的三个敏感位置。

孙宏开（1982：106）指出独龙语的祈使特征通过在动词之前添加祈使标记"pw^{53}"的手段实例化。中国境内的阿尔泰语族中含有形态变化的鄂温克语、柯尔克孜语等都可以通过在动词词干之后添加祈使标记的手段实例化。这些语言的祈使特征都通过谓首位置添加标记的手段实例化，因此在这些语言中，祈使是一种典型的句法学意义下的句子功能。

汉语的祈使句可以通过句调这一语音形式得到反映，也可以通过添加"千万、不许、请、别"等词语在词汇层面得到体现，也可以通过在句尾添加"吧"、重叠动词等手段得到实例化。例如：

（8）把这桶水提到三楼吧！

（9）大家明天都早点来吧！

（10）你们尝尝这种新产品！

（11）你试试这件衣服！

祈使句标记只能添加在句尾位置，不能在句中出现，不能附加于某一句法成分，不然句子就不合法。说明祈使标记"吧"作用于全句，而不是某个句法成分，祈使特征可以通过添加标记和重叠的手段在句子的线性结构中得到体现，重叠和添加的位置是句末敏感位置和谓首敏感位置。这符合句子功能通过有限的句法操作手段在句子的三个敏感位置得到实例化的要求，是我们研究的句法学意义下的句子功能。

第二节　前人对祈使句的研究

我们在前面已经证明祈使功能作为一种有标记的全句功能范畴是一种句子功能，这一句子功能的线性实例化也遵循三个语法敏感位置采取有限的四种句法操作手段的要求，祈使功能线性实例化的结果是产生祈使句。通过对祈使句生成机制和祈使功能线性实例化的研究可以让我们更清楚地了解祈使句，对千差万别的祈使句作统一的解释，对英汉祈使句的共性和差异有更深的认识。

一　汉语祈使句的研究现状

高明凯（［1948］2014：548）之前的语法著作虽然也提到祈使句并且认为祈使是一种重要的句类，但是大多数的学者都将其归为语气，在语气词中进行讨论，很少从表达的角度进行专门研究。高明凯指出祈使句表示命令不是一个简单的词语问题，祈使是一个句法问题，命令的表达是依靠整个句子来表示的，开创了对祈使句进行全面分析的先河。

（一）祈使句的主语问题

朱德熙（1982：205）认为祈使句的主语往往是第二人称代词"你、您、你们"，不过祈使句的主语常常略去不说，并且指出第一人称的"我们、咱们"也可以做祈使句的主语，有时用听话人的名字来作祈使句的主语，这时"人名"是第二人称，否则句子是陈述句不是祈使句，例如：小赵把门关了。

如果这话是对"小赵"说的，此时的"小赵"是第二人称，这个句子是祈使句；如果这句话是对"小赵"以外的人说的，这时的"小赵"是第三人称，这个句子就不是祈使句，而是典型的陈述句。

邢福义先生（1996：123）认为，祈使句的主语在词面上往往是第二人称，但实际上隐含了含有命令成分的"我命令（你）、我要求（你）"，祈使句的结构实际上是"（我要）你 VP"，通常只说了"你VP"，主语是第二人称。当隐含的部分全表达出来，构成"我要你VP"时，主语便是第一人称。

沈阳（1994）将祈使句的省略分为两大类：一大类是通常要有省略，但必要时可以补出；另一大类是通常要出现，但有时可以省略。马清华（1995）认为应当区分主语和祈使的被传人，祈使句的主语并不总是话语的接受者。

由于祈使句常出现在对话中，带有明显的口语特征，陈建民（1984：2—6）指出口语中零句多，大部分是无"主—谓"形式的省略句；周斌武（1983）认为汉语祈使句的主语根本不出现；高明凯（［1948］2014：554）认为祈使句的主语可以随便使用，出现与否许多情况下是自由的；安妮·桥本（1973：67—71）认为祈使句的主语可以根据某些条件被随意删去；刘月华（1985）运用统计的办法研究祈使句，在对曹禺《雷雨》《日出》《北京人》进行数据分析后指出，祈使句主语出现的概率为50%；马清华（1995）在对百万字的材料进行分析所得的结果是出现主语与否的次数比是1:1.4，由此得出结论，汉语祈使句的主语在字面上出现与不出现相差无几。

（二）祈使句的谓语

高明凯（［1948］2014：557）和朱德熙（1982：205—206）都认为祈使句的谓语只能是表示动作和行为的动词或动词性结构。很明显不是所有动词都能进入祈使句，祈使句对进入其中的动词都有什么样的限制吸引了学者们的目光，前辈们从不同角度给动词分类，探求其中的规律。

刘月华（1985）运用统计的手段和方法，统计分析了曹禺三部作品的祈使句，指出只有自主性的动作动词可以进入祈使句的肯定形式，非自主动词不能进入这一格式。从意义上说，具有褒义的动词或具有积极意义的动词容易进入肯定形式的祈使句，而不能进入否定形式。与此相反，具有贬义的动词可以进入否定格式，但不能进入肯定格式的祈使句。蒋平（1984）认为形容词也可以进入祈使结构表达祈使功能，并对形容词进入祈使句的现象进行了考察，得出的结论与刘月华相似：具有褒义的形容词不太容易进入"别太 A、别那么 A"之类的否定格式祈使句，而容易进入"A 一点儿"之类的肯定格式；贬义的和具有消极意义的形容词与之相反不容易进入肯定格式。

袁毓林（1991、1993）对祈使句式与动词的类别进行了深入的考察，指出只有自主性的可控动词可以进入祈使格式，各种格式对动词的要求并不相同，具有自主性的褒义动词，一般只能进入肯定性祈使句，不能进入否定性的祈使句，例如"尊重、爱护……"自主动词的贬义动词一般只能进入否定祈使句"别 V"格式，例如"欺骗、埋怨、敲诈"等。一部分的非自主动词也能进入否定性的祈使句，不能进入肯定性祈使句；而中性的自主动词可以进入肯定格式的祈使句，也可以进入否定格式的祈使句。

王红旗（1996）研究祈使结构的否定形式，根据"别 VP"所表示的意义，将祈使格式"别 V 了"区分为六种不同的意义类型，这些意义决定了这一格式的动词的语义特征。

（三）语调

一般认为，语调是表达祈使语气最主要的手段，例如胡明扬（1981）指出，语调是句子中必备的语气要素，可以向听话人传递某种语气信息，如"陈述、疑问、允许"等，有相同观点的还有邢公畹，马庆株（1992：347）认为"句子都有一定的语气，主要靠语调来表达"。高更生（1984：109）认为祈使句的语调特点是降调。邢福义（1996：123）认为"祈使句是表示命令或请求的句子，语调逐渐下降"。持相同意见的还有张志公（1958：238）、吴启主（1986：440）等。

但将语调简单地称为降调过于宽泛。降调不是祈使句所特有，陈述句、感叹句和特指疑问句也多用降调。赵元任（1979：27—29）指出，语调跟口气有关系，祈使句由于说话者口气的不同，可以表现为多种不同的语调。胡明扬（1987：157）指出，"只说句末语调下降，不能全面、准确的反映实际问题"，并认为应当以严格的理论来区别祈使句的语调，认为祈使句的语音特点是在语速上节奏快，每一个都很短促，并且音节之间的间歇也很短。

齐沪扬（2002：23—25）指出，语调是一个句子为表现语气必须具有的形式标志，而且认为语调是区分"陈述、疑问、祈使、可能、允许"等句类的一个必要过程。马清华（1995）认为以语调来区分句类，不但不能证明语调对祈使句有决定性的作用，反而在某种程度上否定了祈使句这一类别存在的合理性，并指出劲松（1992）在通过语调划分的句类中，几乎所有的祈使句都可以归入陈述句的某一次类。胡明扬（1987：159）指出如果全句在语义上已经足以表达命令语气，就不一定再用命令语调。吕叔湘（1988）指出在划分四大句类时并没有将语调作为主要因素考虑进去，不然，语气也就不只是四类了。安妮·桥本（1973：67）指出将语调作为祈使语气的主要表达手段和划分句类的主要标准，"如果不是不可能的话，也是十分模糊不清的"。

徐杰（2010）明确指出，语法的问题应当从语法形式上得到根本解决，语调从严格意义上说不是一个语法问题，而是语音学的问题，不能作为语法的主要标准。贺阳、劲松、沈炯等都通过实验的手段将语调分为有区别意义的三个语域类型并指出五种基本句型在音高的调域上有不同的表现，但这些都是语图仪上的语波形式，是语音学的研究对象，对语法研究有重要的参考价值，但不能作为语法研究的标准。

（四）祈使句的标点

齐沪扬（2002：30—31）认为语调的形式标志应当是标点符号，"选用标点符号的形式标志，尽管不如其他的那些特征严密，但它的优点也是非常明显的。并且将语调分为三类：句号类、问号类、叹号类，其中请求语气为句号类和叹号类，而命令语气为叹号类"。胡附、文炼（1956：102—113）认为祈使句标点使用情况与其他句类有区别，认为祈使句在书面语中只能凭着语气词和标点符号来识别。高明凯（1957：285—292）认为表示命令，在书写语言时一般使用"！"，徐杰（2010）指出祈使句在书写上采用叹号不是祈使句的形式标记，标点符号的使用不是典型的语法问题而是一种书写问题，不能用作祈使功能的判定标准。马清华（1995）指出祈使句使用叹号和非叹号的比例会随书写人风格等多种随机因素的改变而改变，例如在老舍的《茶馆》中两者之比为 2∶1，而在曹禺的《雷雨》中两者之比为 1∶2.5，得出结论为祈使句不只单使用一种标点符号，也不以某种标点为主。标点对判别祈使句没有实质性的帮助，凭标点识别祈使句的方法是行不通的。

（五）祈使句的语气词

祈使句的语气词问题讨论的较早，也一直以来是语法界研究的领域和热点问题，得出的结论和研究成果也非常的丰富。马建忠（［1898］2000：334）在讨论助词时就分析了"谕令之句"和"禁令之句"中出现的助词。黎锦熙（［1924］1998：229）认为祈使句的句尾能够出现助词"了"，这一助词的作用是使语气变得缓和，不用助词则请求变为命令，劝阻变为禁止；语气助词"罢（吧）"可以出现在祈使句中，传递一种商榷的语气。吕叔湘（［1944］2014：420）指出祈使句的语气词是以支配人的行为目的，祈使句与语调有很大关系，但也借助于不同的语气词。祈使语气的语气词常用"吧、啊"两个，有时也会用"呢"。"吧"的主要作用是劝阻，有时表示准许，语气直率，接近于命令；"啊"在语音上比"吧"要响亮，有较重的督促语气，含有的劝阻意味较少；"呢"表示讽喻口气。丁声树等（2002：211—216）认为语气助词"啊"主要是催促和嘱咐语气，"吧"则包含较浓的劝说意味。黄伯荣、廖序东（1991：100）认为祈使句使用语气助词相对自由，可以用也可以不用；使用两个不同的语气助词会产生不同的附加意义。"呢"主要表示商量语气，"啊"有缓和语气的作用，"哟"用来表示劝告，"了"则表示变化。邢福义（1996：123）指出常用于祈使句的语气助词有两组，第一组"吧"，常用于要求别人做或者不做某事；第二组为"啊"，常用来表示敦促和叮嘱，两组不同的语气助词表示不同的语用和语义功能。齐沪扬、朱敏（2005）指出语气词的选择与多种因素有关，肯定式祈使句带语气词的比例高于强调式和否定式；肯定祈使句的句末语气词主要以"吧"以及"啊"的变化为主，强调式和否定式则常用"啊"；在语气词的功能上，"吧"以缓和语气为主，"了"更多的是用于表态，"啊"本身的话语标记功能在于强化命题内容，它又有延缓语气的作用。齐沪扬（2002：195）指出：从真实文本的大量语料看，"吧"的最大用途是用在祈使语气中。

尽管大多学者都研究祈使句中的语气词，但也有人认为语气词不是祈使句的主要特征，马清华（1995）指出"祈使语气并不凭借语气词来表达"，主要理由是现代汉语祈使句可以用，也可以不用语气词，同一语气词可以出现在祈使句中，也可以出现在陈述句中。胡明扬（1981）认为"现代汉语中没有专门表示祈使语气的语气助词"。何荣（［1942］1985：132）认为"我们中国语言里的语句，并不是都要用助词的，依助词研究表达的语气来分别句类，就有许多语句是无类可归的了"。

二　现代汉语祈使句的语义、语用研究

祈使句的语法研究成就卓著，学者们对祈使句的语义和语用也做了深入的分析。吕叔湘（［1944］2014：420）指出祈使句在意义上有刚柔缓急的差别，可以分为命令、请求、督促、劝说，有时祈使句可以加上"请、愿"等字，否定的命令为禁止，语气柔和的可称为劝止，这类句子必然要用否定词，即禁止词。王力（［1943、1944］2011：160—174）也认为祈使句按意义可以分为命令、劝告、请求、告诫，用"罢"时表示委婉，商量或恳求。若不用则表示非如此不可的意义。高明凯（［1948］2011：556—557）根据语义命令式可分为强制式和客气式，权威命令是一种强制性的命令，而客气的命令为请求式的命令。袁毓林（1993：14—16）认为祈使句可以从形式和意义上进行分类，其中按意义和语气的强弱可以分为三类六种，分别是命

令式和禁止式，建议句和劝阻句，请求句和乞求句。

祈使句表达祈使特征，这一功能的体现必定要受到语用条件的约束。袁毓林（1993：10—14）认为表达祈使句时，是否有明确的接受对象，听话人是否在现场对祈使句的使用起至关重要的影响。在语用方面祈使句受到的约束主要有三个方面：一是祈使句语用选择的约束，二是祈使句的语用常规的约束，三是祈使句语用预设的约束。徐阳春（2004）认为祈使句的构成必然包含祈使人、祈使、受使人和祈使内容四个要素，实际表达中常常为了表达的简洁在不影响必要信息的传递语用目的表达的前提下省略某人或某些部分。祈使句是否有意义的充要条件是看其是否拥有合理的预设（祈使句的预设是祈使人在支配受使人），一般预设包括三个方面：一是对说话的预设，二是对受使人可能具备完成能力的预设，三是对受使人原有行为意图的预设。祈使句语用必须遵循"合应""合境"的恰当性。

三 现代汉语祈使句的其他研究

除了对现代汉语祈使句从结构、语义和语用方面进行研究外，学者们对特殊格式的祈使句也从成句添加、表达意义等方面进行了探索。张谊生（1997）从语义基础、语法限制和语用约束三个既有联系又有区别性的层面考察影响和制约"把 + N + VV"的成句因素。袁毓林一系列关于祈使句的论文，对"V + 着""V + 了""V + C"等格式的祈使句成立的限制进行了论证。王红旗（1996）讨论了祈使句的否定格式"V 了"表达的六种主要意义和所受的限制。司罗红（2010）讨论了"V + 了 + N"类祈使句的成句条件，认为"了"可以进入祈使句，并对这一格式表达的意义进行了论述。肖应平（2009）分析了祈使句不同于陈述句的时间范畴的特点。倪劲炜（2009）分析了祈使句所特有的语气副词"给我"，赵微（2005）讨论了两类典型的祈使句"V 着!"和"V 了!"在表示否定时的主要区别。

前贤们对祈使句的研究虽然没有疑问句深入和细致，但是研究理论和方法都达到了非常高的层次，研究的问题也几乎涵盖了祈使句的各个方面，得出的结论也非常具有可信性。为我们的进一步深入研究奠定了坚实的基础。同时我们也应当注意到从句法结构描写得到的关于祈使句的特征：一般为第二人称作主语，使用语气助词，语调逐渐下降，句末使用的标点为感叹号等都不能完全地作为祈使句的基本特征，都有大量的语言事实与之相背，也就是说前贤们所列举的特征不能涵盖所有的祈使句（参看马清华 1995），另外有些特征并不是纯粹的语法问题（徐杰 2010）。可见祈使句这一祈使功能的基本特征还要进一步讨论。

另外，我们不难发现前贤们的研究多是对祈使句的细致描写，并没有真正地触及隐藏在祈使句背后的深层规律和原因。按照当代科学的精神，祈使句的案件还处于研究的初始描写阶段，祈使功能特征的表现还有待于我们进一步地挖掘和探索。

第三节　英语祈使句的主要特点

英语的祈使句作为一种重要的功能类别被关注，但英语的祈使句有不符合显性句法的特点，主要表现在以下 3 个方面：

一　英语祈使句的主语常常不出现

英语是一种非主语省略型语言，原则与参数理论认为这一语言中的句子必须有一个显性主语，否则句子就不合法，因为没有主语的句子不满足扩充的投射原则（EPP），即使句子在语义上没有主语，必须在句首添加无意义的形式主语"it、there"。例如：

（12）He goes to school.

（13）＊goes to school.

（14）＊Rains.

（15）It rains.

例（12）合法，例（13）不合法是由于作为句子谓语的动词
"go"的题元角色不能得到合适的指派，例（14）不合法是由于句子
缺少主语，即使句子中的动词"rain"是一个在意义上没有主语的零
元动词，但句子仍不合法。由于英语句子在句法上要求必须有显性主
语，因此添加毫无意义的傀儡主语"it"，形成例句（15）变得合法。
但英语的祈使句，主语常常不出现，例如：

(16) Open the door.

(17) Take a seat.

这显然不符合英语"每个句子都必须有主语"语法要求；许多语
法学者认为是祈使句中的句子主语（you）被省略，例如：张道真、
温志达（1998：529）。

正如学者们所提到的祈使句的主语是第二人称的"you"可以通
过附加疑问句、反身代词和强势所有格等方法来证明。例如：

(18) Open the door, will you?

(19) *Open the door, will he?

附加疑问句的主语一定是第二人称代词"you"，而不能是其他代
词或名词。

同样只有第二人称的反身代词能够出现在祈使句中，其他人称的
反身代词不能出现在祈使句中。例如：

(20) Behave yourself.

(21) Behave yourselves.

(22) Behave *himself/ *herself/ *themselves/ *myself.

可见只有第二人称的反身代词可以进入祈使句，而其他反身代词

进入祈使句均不合法。作为强势所有格的"yourown"可以出现在祈使句中，但其他代词的强势所有格进入祈使句都不合法。

但是如果祈使句的主语是第二人称"you"，祈使句的无主现象是由于祈使句主语"you"的省略造成的，那么需要面对一个不能回避的问题，为什么主语要省略，而其他的句子主语为什么不能省略。另外，语用省略的成分一般可以补出，但祈使句的主语只有在表达有附加的强调意义时才能出现。

二　英语祈使句中的动词使用原型

英语中的句子和短语的区别之一是英语句子的动词具有随时体和人称变化而发生的屈折变化，而短语只能以不定式出现，不出现形态变化。[①]英语句子的动词要随时体和人称的不同发生形态上的变化，否则句子就不合法。例如：

（23）He often goes to school at 8:00.

（24）＊He go to school at 8:00.

例句（24）中的动词由于没有发生时态和一致上的变化，句子不合法。关于变化的原因，原则与参数理论认为是处于句子中心"I"位置的时态特征［T］和一致性特征［Agr］与动词结合重写的结果。最简方案认为是动词自身所带的特征与句子中心的特征核查对消的结果，两者虽在表述上不同，但基本思想上如出一辙。祈使句的谓语动词排斥"时"和"一致性"特征的变化，句子的谓语动词只能以原型形态出现。例如：

（25）Be（＊is/＊are/＊am）careful.

（26）Open（＊opens）the door.

---

① 形态变化本质上是附加了作为句子中心"I"的屈折语素。

　　有学者认为在语义上祈使句只能用来指使听话人对未来的事情加以控制，所以祈使句表示的是一种将来时；并且通过附加问中的助词只能是 will，可以说明句法上祈使句是将来时。例如：

　　　（27）Go home, will you?　　／ * do you? ／ * didn't you?

　　另外从语用上看，祈使句的主语只能是听话者，一定是第二人称"you"，"you"为主语时的特征是一种显性特征，所以祈使句的动词没有一致性特征。但祈使句可以是"现在时"，句首可以出现第三人称名词。例如：

　　　（28）Someone open the door.
　　　（29）Go, now.

三　对英语祈使句特点的解释

　　英语中的祈使句在句法上表现为一种没有主语，缺乏时态和呼应态的特殊形式，传统语法对这一现象进行了细致的描写，现代语法则对于这一现象的解释产生了争论，争论的关键点就在于语法原则的推导和语言事实之间的悖论。

　　Zanuttini（2012）认为英语的祈使句缺乏屈折性变化是由于它缺乏相应的一致性特征，祈使句是一种内部有缺陷的结构，是和小句中的不定式结构具有相同特征的句法结构，并通过"be"和"do"的位置关系进行论证。

　　　（30）Do not be late for class!
　　　（31）　* be not late for class!

　　不难从例句中看出，在祈使句中有"be"和否定词"not"同现时，不会出现像陈述句的"be + not"的结构，而是采用"do"插入的办法形成"Do + not + be"的特殊结构，"not + be"结构和不定式的否定形式具有一致性。同时 Zanuttini 提出祈使结构中包含了一个惰性的"一致性"特征，使"do"直接插入 CP 的核心中心语"C"的位置上。

Culicover（1992）、Rupp（1998）认为英语中的祈使句与陈述句相比缺少显性的句法形态，但陈述句仍然具有正常的形态句法特征，只是祈使句中的（TP）缺乏一个强［D］或扩充的投射特征，因此祈使句的主语没有像陈述句的主语一样提升得那么远。

Culicover（1992）认为祈使句中不出现时态是由于祈使句的时间不是由说话时所表达的时间点决定的，祈使句的时间是讲话人希望听话人完成动作的时间，这一时间永远是将要发生的而不是过去发生的或者正在发生的，因此把现在时态排除在外，这一时态不用标识。

William D（1977）对比祈使句和宾语位置的非限定从句，认为在本质上祈使句是间接祈使句"I told you"的间接宾语部分。祈使句由间接祈使句省略而来，作间接祈使句的宾语部分在语法形式上只能是非限定形式的从句，因此，祈使句只能使用非限定形式。

我们不难看出，虽然英汉祈使句都得到了学者充分的关注和研究，成果也相当丰富，但是汉语祈使句的主要特征还不十分明朗，英语祈使句虽然有学者对其特点进行解释，但有一部分是从语义和语用的视角出发，这不符合祈使功能这一纯句法问题回归句法的要求，有一部分学者从句法学角度研究祈使句，但在解决理论推导和语言现实悖论时运用过多的特设因素，这种特设在原则和参数理论方面要有待解决和改进。

我们认为将英汉祈使句置入语言祈使句类型的背景下，将祈使句进行对比研究，更容易发现新的规律，解决更多的问题。

第四节　祈使句的实例化

祈使句在语用上主要表示命令、请求、禁止听话人做某事或者不做某事，在句法上表现出相应的句法特征，例如祈使句的主语是第二人称，祈使句要求谓语动词必须是自主动词，祈使句在句尾使用语气词"吧"等。这些句法特点在传统句法看来都是祈使句自身所固有的句法属性，但是我们认为这些语法特点不是一种原生特征，而是作为句子功能的祈使特征在句子的三个敏感位置通过有限的句法操作手段实例化的结果，是祈使句生成机制的一种衍生物，可以推导出来。

一　言语行为理论对祈使句的认识

言语行为理论与形式主义和功能主义都不相同，它不区分语言和言语，而是关注人与社会的因素，强调语言和言语的动态关系，将陈述句、疑问句、祈使句看作一个言语行为的连续统。根据祈使句的核心表达意愿，将祈使看作是语用范畴而不是语义和语法范畴。言语行为理论认为祈使句的构成"都必须包含祈使人、祈使语、受使人和祈使内容四大因素"（徐阳春2004），其中祈使人是祈使行为的指使者，在交际中与说话人一方保持一致；祈使语由动词充当，作用在于显现、强化祈使人对受使人的可支配度；受使者是祈使行为的预期执行者，通常是直接受话者；祈使内容用于具体说明祈使是怎样一种预期行为，是说话人语用目的的集中体现，也是整个祈使句所传递信息的焦点。例如：

（32）我命令你们立即行动。（命令）

也就是在深层结构每个祈使句都有以下结构。

实际表达中的祈使句可以省略其中的成分而变得简洁，常常省去前面两个要素，构成以受使者开头的祈使句。换句话说，祈使句都是

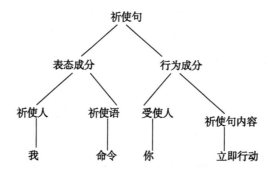

由完整的间接祈使句省略行为来的。祈使句的语法特点是由祈使内容作为间接宾语的性质决定的。

我们认为将祈使句看作间接祈使句（本质是一种陈述句）的省略形式是含混不清的，有一系列的理论和事实上的缺陷。

首先，由"祈使人＋祈使者＋受使人＋祈使内容"组成的结构，受使人不但可以是第二人称，而且可以是第三人称。例如：

（33）我请求校长放过他一次！

（34）我让小明亲自去一趟！

（35）我命令他们立即行动！

按照言语行为理论，上面例子中的受使者分别是"校长、小明"和第三人称代词"他们"；按照祈使句的省略说，可以得到交际中的短祈使句：

（36）校长放过他一次！

（37）小明亲自去一趟！

（38）他们立即行动。

但是，上面例句中（36）、（37）是一种两可情况，可以是陈述句，也可以是祈使句；但例（38）只能是陈述句不能是祈使句，祈使句的主语不可能是第三人称"他、他们"。

其次，语气词的作用范围是整个句子，而不能是作为句子一部分的从句，从句不包含语气词是语法学界的共识之一，参看邓思颖（2010）。例如：

（39）我请求校长放过他一次吧！

语气词"吧"应当是作用于全句，而不是作为从句的"校长放过他一次"或"放过他一次"。

那么按照省略理论，祈使句是由间接祈使句省略而来的话，祈使句中不可能会出现语气词"吧"，"吧"虽然作为祈使标志还有待进一步研究，但作为祈使句常用的语气词这一语言事实是没有异议的。

再次，由祈使人、祈使语等构成的结构，可以有时态特征。例如：

（40）我已经要求你做过试验。（要求）
（41）我将要建议市领导考察事故现场。（建议）
（42）我命令一团处理了这一情况。（命令）

这些句子都符合祈使句所包含的必有的四个因素，但这样的句子只能是陈述句，不能是祈使句，即使省略了祈使人和祈使者，也不可能成为祈使句。例如：

（43）你做过了试验。
（44）市领导考察事故现场。
（45）一团处理了这一情况。

上面的句子作为祈使句都不合法。

最后，如果祈使句在深层结构中都由祈使人、祈使语、受使人和祈使内容四个要素构成，那么，在理论上，陈述句就应当有表达人、表达词、听话人和陈述内容等四要素构成，要用公式也就可表示为：陈述人＋表达词＋听话人＋陈述内容；同样疑问词应当由询问人、询问语、被问人和疑问内容等四要素构成。例如：

（46）a 小明今天不回家。（陈述）

　　　 b 我告诉你小明今天不回家。

（47）a 小明今天回家吗？（疑问）

　　　 b 我问你小明今天回家吗？

（48）a 不回。（应答，陈述）

　　　 b 我回答你不回。

恐怕在理论上将上面的 a 句看作是 b 句的省略形式，并认为 b 是 a 的深层结构，不会有太多的学者接受。

将祈使句看作是间接祈使句的省略形式从语言事实和语言理论上都行不通，可见祈使句的生成机制不是由深层结构的"祈使人＋祈使语＋受使人＋祈使内容"，为了表达上的简洁而省略了某个或某些成分形成的结构。祈使句应当是一种独立的句子，与一般的句子相比，最主要的特点就是在深层结构中含有全句功能"祈使特征"［Imp］。祈使句的特点都是祈使特征在表层结构中线性实例化的结果。

二　祈使特征的线性实例化

祈使句是一种独立的句类，具有自身的句法特点，在传统语法视角下得到了充分的描述和分析，但也遗存了大量的问题。在前人研究的基础上运用生成语法学的理论观察祈使句，认为祈使句在本质上是祈使特征实例化的结果，祈使句的句法特点本质上都是祈使特征实例化和具体化在表层结构的体现。

祈使特征［＋Imp］是一种全句功能范畴，它的实例化也只能是在句子三个敏感位置通过添加标记、移位、重叠和删除四种句法手段得到线性特征上的体现。语言不同使用的手段时常不同，同一种语言有时也可采用不同的手段在不同的位置实例化，产生不同的祈使句①。祈使句与陈述句具有几乎相同的深层结构，两者不同之处是陈述句具有的陈述特征［＋ch］，是一种默认的弱势特征，几乎所有语言都采用隐性句法操作手段实例化，在表层结构中得不到句法层面的体现。祈使特征［＋Imp］则可以通过显性句法操作得到实例化，可以在表层结构中得到体现。

（一）祈使句特征通过［C，CP］位置加标记实例化

祈使特征可以在 CP 的核心位置通过添加标记的手段实例化，添加的标记可以是词，也可以是语素，汉藏语系中的许多语言都可以采用句尾添加标记的手段来表示祈使。

藏语通过在句尾添加助词"ta""çi"的手段使祈使功能实例化得到形式上的体现，形成祈使句。例如：（引自孙宏开等2007：185）

（49）che^{55}　ra^{55}　sɛ^{55} po^{53} su^{53} ta！
　　　请　你　说　清　楚　些！
（50）ra^{14}　ja^{14}　cuʔ^{12} çi
　　　你　往　上　去！

仓洛语是一种 SOV 语言，可以通过在句尾添加祈使标记"ço　jo tɕo："的手段表示祈使句。例如：（引自孙宏开等2007：242）

（51）gadaŋ　zik　　　tɕo　！
　　　手　　洗　　祈使标记
洗手！
（52）laŋ　ço
　　　坐　祈使标记

---

① 每种祈使句式在语用等方面的作用效果并不相同，这与语用和语法两方面都有关，这里暂不讨论。

坐下！

傈僳语祈使句在句尾使用 $lɛ^{33}$，命令句在句尾使用 xa^{31}。例如：
（引自孙宏开等 2007：283）

（53）$ɑ^{31}dʒ1^{31}$　　 su^{31}　　 thi^{31}　　 $tʃho^{33}$　　 so^{33}　　 $lɛ^{33}$！
　　　大　　　家　　　一　　　块　　　学　　　祈使标记
大家一起学吧！
（54）nu^{33}　　 za^{35}　　 ni^{33}　　 xa^{31}
　　　你　　　　试试　　　命令标记
你试试吧！

表面上看出现在句子末尾的成分不同，但是在本质上他们都是深层结构中位于句子核心位置的祈使功能［Imp］通过添加标记的手段实例化的结果，各种语言所不同的只是添加的标记可以随语言的变化而发生变化。

（二）祈使特征通过移位实例化

祈使句的深层结构中具有的祈使特征［Imp］处于句子的核心［C，CP］位置，可以通过添加祈使标记的手段实例化，在线性结构中得到体现，生成表层结构中的祈使句；也可以通过移位的手段实例化，使句子产生一种有别于其他功能的语序，在表层结构中得到体现，形成祈使句。

德语是一种 SVO 语言，在陈述句中采用主语在前，谓语在后的线性语序。例如：（引自董秀英 2009：32）

（55）Es hat gerenet.　　（下过雨了。）
（56）Der kranke ist schon genesen.　　（病人已经痊愈了。）

德语的祈使句可以使用动词的命令形式表示，在本质上是祈使特征与动词重写为了动词的新的屈折形式，除了动词形式上的要求以外，德语中的祈使句要求动词的命令式出现在句首，这是德语祈使句的基本规则。① 例如：

(57) Helft　　ihr　　dem　alten　manm
　　　帮助　　你们　那个　老　　人
你们帮帮那个老人吧！

(58) Halt　du　den　Topf
　　　拿　你　钵子
你拿着钵子！

我们认为在深层结构中祈使句和陈述句没有区别，具有相同的结构，但是在祈使句的核心［C，CP］位置包含有句子功能祈使特征［Imp］，祈使特征吸引动词移位，从［I，IP］位置移位到了［C，CP］位置，使祈使特征［Imp］得到体现，祈使特征［Imp］与动词结合发生屈折变化变为动词的命令式。我们用下图表示这一过程：

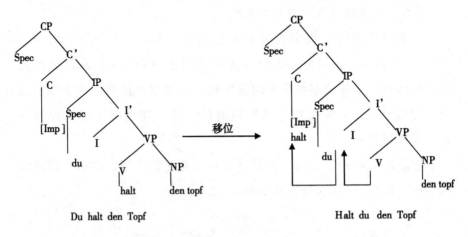

同样英语中有时候也采用移位的操作手段使句子核心位置的祈使

特征［Imp］得到实例化，形成一种倒装的祈使句。例如：

（59）May you succeed!（引自王兴国 1996）

（60）May we never forget each other!（同上）

（61）May you both happy!（同上）

这种祈使句的祈使特征通过发生"I—C"的移位得到体现，使本应该在句子"I"位置出现的情态助词移到句首，形成有别于一般句子的祈使句。这种祈使句通常表示祝福和祝愿。同样使用移位使祈使特征实例化，在线性结构中得到体现形成祈使句的还有丹麦语等。

（三）句子中心添加祈使标记

祈使句所具有的祈使特征可以在 CP 的中心位置"C"通过添加祈使标记的手段或通过移位的手段实例化，在表层结构中得到体现，形成具有显性句法特征的祈使句。祈使特征也可以在句子的谓首位置［I，IP］得到实例化和具体化，句子中心可以采用加标记的手段使祈使特征得到体现。从句法形式上看，表示祈使特征的祈使标记可以是独立运用的助词，也可以是不成词的语素，还可以是和动词重写的屈折形式，这些形态成分都没有实在意义，其作用只是表达祈使范畴，使整句的祈使特征［＋Imp］得到表层结构上的体现。

现代汉语可以通过添加祈使标记"着"的办法使祈使特征得以实例化，形成"V＋着"的祈使格式。例如：

（62）看着!

（63）拿着!

（64）小心着点!

（65）看着书!

作为祈使标记的助词"着"与表示持续体的时体助词"着"具有不同的句法特点。"着"作为祈使标记得到了广泛的认可。邢向东

（2002：669—680）指出"神木话中有明显的祈使标记'着'，普通话中也可以是祈使标记"。吕叔湘（1941）指出"'着'表命令语气"，"着者，祈使之辞也"；同样太田辰夫（1987：364）、孙锡信（1999：84—87）都认为"着"可以作祈使标记。作为时体特征的"着"构成的结构可以添加表示进行体的"正在"，而祈使特征"着"构成的结构不可以。例如：

（66）他拿着书。　→　他正拿着书。

（67）台上演着戏。→　台上正在演着戏。

（68）拿着书！　　→　*正拿着书。

（69）看着！　　　→　*正在看着。

"着"作为祈使标记在现代汉语普通话中只能附着于动词，是句子中心添加祈使标记实例化的结果。在古代汉语和方言中的"着"还可以出现在句尾，这种现象是祈使特征［C，CP］在通过添加标记实例化的结果。例如：

神木方言（引自邢向东2002：675）：

（70）别急，等我把这本书看完了着。

（71）当心摔了碗着。

古代汉语：

（72）卷上帘子着。　　　　（引自吕叔湘1941：62）

（73）且留口吃饭着。　　　（同上）

（74）添净瓶水着。　　　　（《祖堂集》5转引太田辰夫1987：338）

（75）拽出这个死尸着。　　（《祖堂集》16转引太田辰夫1987：338）

古代汉语中的另一个祈使标记"其"也添加在句子中心的位置。

例如：

古代汉语（引自吕叔湘 1941：17）：

（76）昭王之不复，君其问诸水滨。（左传·僖公四年）

（77）子其免之，吾不复见子矣。（左传·成公十六年）

我国境内的许多少数民族语言的祈使句也可以在谓首位置添加祈使标记，使祈使特征得到实例化，形成表层结构中的祈使句。

独龙语在句子动词前加 pw³¹ 形成祈使句。例如：

（78）na⁵³　　ɕiŋ⁵⁵　　ȵi⁵⁵ le³¹　　　　pw³¹　　lɔ⁵⁵ ɹ　　a⁵³（引自孙宏开 1986：177）

　　　　　你　　柴　　背（助）　（前加）回来（后加）

你回来背柴！

格曼语例如：

（79）kla⁵⁵　　a³¹pʌi³⁵　　wʍ³⁵　　lat⁵⁵　　ɕu³⁵　　　　（引自李大勤 2005：198）

　　　　　快　　钱（助）　拿　（附加）

快把钱拿来！

体现祈使特征的屈折语素可以附着于动词也可以与动词重写为动词的命令形式，在我国的少数民族语言和外语中都有体现。

柔若语可以用韵母屈折表示。例如：

（80）ȵi⁵⁵ 坐 – 陈述式

（81）ȵe⁵⁵ 你坐 – 命令式①（引自孙宏开等 2007：461）

---

① 用韵母屈折变化表示命令式是一种残存。

拉祜语中的祈使可以通过在动词后添加标记的手段得到实例化，也可以通过屈折变调的方法表示命令，使祈使特征得到实例化形成命令句。例如：

(82) la^{31} 来　　 la^{21} 来 – 命令式（引自孙宏开等 2007：294）

(83) nɔ^{31}　　　 xa^{54}　　 la^{21}
　　　你　　　 快　 来 – 命令式

你快来！

门巴错语是一种 SOV 语言，祈使句可以通过在句子末尾添加 ta^{31}，也可以通过动词的用韵变化表示命令。例如（引自孙宏开等 2007：207）：

(84) ʔi^{53}　 man^{55}　 ɕat^{53}　 ta^{31}！　　 添加句末标记"ta^{31}"，
　　　你　 话　 说　 （助）

你说话！

(85) za^{35} 吃 – 陈述式　　　 zo^{35} 吃 – 命令式

(86) ʔi^{53}　 tɔ^{53}　 zo^{35}！　 动词使用变韵变为命令式
　　　你　 饭　 吃 – 命令式

你吃饭！

（四）祈使特征通过删除时体实例化

处于句子中心"I"位置的祈使特征可以通过添加祈使标记的手段实例化，得到线性结构上的体现，形成有标记的祈使句，也可以通过重叠的手段实例化得到体现。同样祈使特征可以通过删除的手段实例化得到体现，祈使特征可以使本应当处于句子中心位置的时态特征不能出现，产生一种去屈折化（de – inflection）的效果，使动词以原型状态出现。删除时态特征是祈使实例化常用的手段。与省略不同删除的成分不能再补充。英语和汉语中的祈使句都不能出现表示时态的附加成分①，不然句子就不能是祈使句，只能是陈述句。例如：

---

① 英语中没有时态成分就不能有主语，这一内容在下一节讨论。

英语中：（87）Go　home！

（88）Give me a pen！

（89）＊Goes home！

（90）＊Went home！

（91）＊Gave me a pen！

（92）＊ Gives me a pen！

汉语中：（93）给我杯水！

（94）＊快回了家！

（95）＊给我过一杯水！

我们可以用下面的树形图来表示这一过程：

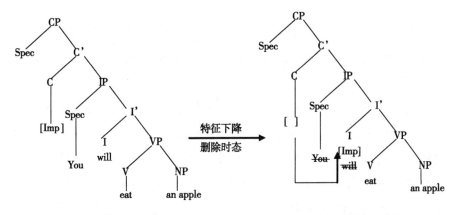

[Imp]you will eat an apple　　　　　　　　　　　Eat an apple！

日语中的祈使范畴也可以采用删除时态特征的手段实例化，因此在日语的祈使句中也没有时态，而且不能补出，仁田义雄（1997：12）指出日语祈使句没有时态是区别于陈述句和疑问句的主要特征。例如：

（96）Anata - wa　ano　hon　wo　　moote kite！
　　　　你　　主格　那本书宾格　给我 - 祈使标记
你把那本书给我！

许多学者都注意到了英语祈使句中的动词不能有时态变化，但是没有给出明确的解释，从祈使句实例化来看，许多语言的祈使特征都可以采用删除时态的手段实例化，实例化的结果是句子不再具有时态的屈折特征，而且不能补充时态特征，因此动词在祈使句中不能发生时态变化。

祈使特征作用于整个句子，是典型的句子功能，祈使特征可以通过有限的句法操作手段在有限的句法敏感位置得到实例化，形成在线性结构上有特点的祈使句，祈使句的许多特点都可以通过祈使特征的实例化得到解释。

第五节　祈使句主语的隐现

英语是一种非主语省略型语言，要求句子必须有显性主语，但英语祈使句却以无主句的形式存在，两者之间的悖论是传统语法无法解释的问题。从生成语法的角度去看，英语陈述句必须有主语和祈使句的无主语，不但不相矛盾，反而具有一致性，都由句子中心决定。两者的差异仅仅是陈述句的句子中心同时包含时态、谓素、呼应态，是完整的，而祈使句的句子中心由于祈使特征的实例化变得不完整。句子主语的隐现是句子中心和祈使特征实例化的副产品，可以推导出来。汉语类语言的句子中心只包含谓素，与时体无关，这一参数设定决定了汉语祈使句的主语可以出现也可以不出现。

一　英汉祈使句主语隐现的差异

英语是一种非主语省略型（non – Pro – drop）语言，与意大利语等主语省略型语言不同，英语的参数设定要求句子必须有主语，而且必须以显性形式出现，不然句子就不合法。例如：

(97)　a John went to school.

　　　b ＊Went to school.

例（97）b 中的句子不合法，违反了题元准则，同时也是由于全句没有主语，当添加上合法的主语"John"时，句子可以成立。即使句子在语义上没有实在意义的主语，在句法形式上也需要添加毫无意义的形式主语。例如：

（98）a ＊Is raining.

　　　b　It is raining.

（99）a　＊Is a book on the desk. .

　　　B There is a book on the desk.

例（98）a 中的动词是零价动词，在语义上不需要主语，但句子不合法，必须添加形式主语"it"才能成立，例（99）a 是典型的存现句，句子没有实际意义的主语，但是句子必须添加形式主语"there"才合法，否则句子不能成立。

英语的祈使句一般以动词的光杆形式存在，结构简单，通常在句首不出现主语。这种祈使句通常出现在口语中，占有很大比重。例如：

（100）Be quiet!

（101）Stand up!

"you"只出现在对第二人称的强调或区别的祈使句中，这时的"you"必须重读。例如：

（102）You go home!

例（102）中的"you"出现在祈使句中，其作用是强调不是别人，而是"you"。有时"you"出现的作用是传达说话人表达激动的情绪。

汉语祈使句中的主语也时常不出现，但是与英语的情况不同，汉语的主语可以随意地补充。例如：

（103）a 赶快走吧！

　　　　b 你赶快走吧！

高明凯（［1948］2014：577—578）认为汉语祈使句主语可以随便使用，出现与否大多是任选的。刘月华（1985）指出汉语祈使句主语出现的概率大约为50%。马清华（1995）认为祈使句主语出现与否的比例为1∶1.4。虽然沈阳（1994）分析认为汉语祈使句主语的出现与否也受到语用的约束，但那是句法外部的原因，可以在语言的外部研究，不涉及句法内容。

汉语句子的主语可以出现，可以省略是常有的现象。英语理论上作为非主语省略型语言必须出现主语的结论和祈使句中没有主语的实事之间的悖论却成为语言学的一个难题，得到了广泛的关注，甚至影响到对祈使句的看法。RuPP（1998）将祈使句看作是一种句法上存在某种缺陷的结构，Zanutini（2012）认为祈使句自身包含了一个"惰性"的一致性投射。有学者将祈使句结构看作是一个介于 CP 和 VP 之间的功能投射。Willoms（1977）则认为祈使句在本质上是由完整的间接命令句省略而成的，由于只是保留句子的间接部分，所以句子没有主语。①

前人研究的是非对错我们暂不评述，但他们都将祈使句看作一种特殊句法格式，给予过多的特设，这不符合形式语法的基本思想。我们认为祈使句表面看和陈述句存在巨大的差异，但它也必须符合语言的基本原则，祈使句的特点不是对句法原则的挑战，相反，祈使句的特点正是祈使特征实例化和格位理论句法原则共同作用的结果。通过句法原则可以顺利解释、推导祈使句的生成和特点，将英语必有主语和祈使句无主语完美和谐地统一起来。

---

① 有汉语学者也认为祈使句在本质上是由祈使人、命令词、受使人和祈使内容构成的，时常省略前三个内容。我们认为祈使句是一种独立的语法范畴，是一种独立的句子功能，并不是由间接祈使句省略得来。

二　扩充格位理论和句子中心差异

(一) 经典格位理论

格位理论是模组化了的生成语法理论系统中的多个模块之一,也是诸多理论中研究成果最丰富,理论概括最成熟的模块之一。生成语法中的格 (Case) 是一种纯粹的语法概念,与词的形态和语义都没有关系,普遍存在于各种语言之中;可以概括为名词能够占据的一套位置的规定和解释,名词进入句子中就必须出现在一个特定的位置,这个位置就是句法格;格位由格的赋予者提供给名词成分。如果名词没有出现在恰当的位置,没有得到格位指派,则句子不合法。经典生成语法用格过滤器 (Case filter) 来概括语言事实。

经典的格过滤器 (Chomsky, 1981):

＊NP 如果有词汇形式但没有格位指派。

也就是说,如果一个名词有词汇形式,但是没有得到格位指派,句子就不合法;要使句子合法就必须将名词移到有格的位置。主要的格位是:及物动词和介词给后面的名词成分赋予宾格;屈折形式"I"给前面的名词赋予主格;中心名词给名词赋予所有格等。经典的格过滤器在各方面取得了验证并解释了许多相关的语法现象,已经在语法学界得到了认可。

(二) 扩充的格过滤器

经典的格过滤器只是对格位的接受者 (名词短语) 指出单向的要求,要求所有的名词短语进入句子中都必须得到格位指派,而对于格位的授予者却没有任何的要求。但是徐杰先生认为格位理论是对名词短语和相关的语法现象作解释的理论,应该对格位的接受者和授予者都有约束条件,在语法中不但要求格的接受者,要求它必须得到格,还应要求格的授予者,要求它把授格能量释放出来[1]。这就得到了扩充的格过滤器,从而对句子格的授予者和格的接受者提出双向的

---

[1]　这种思想与最简方案中的特征核查具有统一性。

要求。

扩充的格过滤器　参看（徐杰2001：92）：

＊NP 名词得不到格位指派。

＊必选性语言指派格位的成分能量没有得到释放。

其中名词和小句是格位的吸收者。

就是说名词得不到格位指派句子就不合法；同时，如果格位的指派者没有将授格的能量释放出来句子也不合法。经典的格位过滤器只对格的接受者提出了要求，扩充的格过滤器不但对格位的接受者提出了要求，而且对格位的授予者也提出了要求。经典的格过滤器没有对小句提出要求，小句不需要得到格位的指派，但是小句却可以接受格的能量，是一个格位能量的接受者。我们用下面的例子来说明扩充的格位过滤器在实际中的作用：

英语中：（104）　＊is believed that John has cheated Bill.

It is believed that John has cheated Bill.

（105）　＊we read.

We read a book.

（106）　＊I wonder to.

I wonder to go home.

汉语中：（107）　＊他出生于。

他出生于那个动乱的年代。

（108）　＊李先生生气就生气在。

李先生生气就生气在没有通知到他。

上边的句子不合法，是由于授格成分的能量没有得到释放。就像是大批的优等大米等待出口，却找不到进口国一样。要使句子合法就要吸收赋格者的授格能量，或者使授格成分的能量得到释放，找到释放的对象。

这里需要指出，扩充的格位理论对各个授格成分的要求不一样，比如几乎所有语言都要求介词的授格能量必须释放出来，所以几乎所有语言的介词都不能省略后面的宾语，形成介词悬空。几乎所有语言对中心名词的赋格能力的要求都是可选性的。同时，对同一种授格成分不同的语言也会有不同的参数，比如对句子中心"I"和及物动词，有的语言例如英语，要求必须释放出它们的授格能量；有的语言例如汉语、韩语、日语，就不要求授格能量得到释放，这种差别是呈参数变化的。

通过格位理论我们知道宾格是由动词和介词赋予的。主格是由句子中心"I"赋予的，句子中心在印欧语中表现为屈折形式，这种屈折形式主要包括"时态""呼应态"和从动词中抽象出来的"谓素"。这种屈折形式在词汇形态上和动词是融为一体的，但它作为一种语法成分却有自己独立的语法地位和特殊的语法作用。汉语没有相应的屈折形式，是不是说汉语就没有句子中心呢？我们认为虽然汉语的时态是词汇性的，也没有呼应态，但是汉语中依然存在句子中心"I"，只是这种句子中心和印欧语中的句子中心在内容上不是一种东西，汉语的句子中心只包含一个没有外在语音形式的功能项——谓素，谓素的作用在于给主语指派主格和核查谓语的述谓性，以谓语作补足语。

也就是说英语和汉语都存在句子中心"I"，只是两个句子中心"I"包含的内容不同。英语中的句子中心包含"谓素、时态、呼应态"，只有三者同时具备时"I"才能给主语指派主格；同时由扩充格位理论我们知道，当三者同时具备时，前面也必须有格能量的承受者。汉语中的句子中心则只包含谓素，并且汉语的句子赋格成分的赋格能量可以自己保留，所以不管句子中心前是否出现格位能量的承受者句子都合法。① 英汉在句子中心的差异是两种语言在这两方面参数的不同设置，也是两者在语言类型学上的差异。

---

① 句子中心有显性特征组成的格位能量需要释放，没有显性特征的则可以两可，句子中心和格位能量释放与否之间的关系还有待进一步考察。

三 英语中的主语隐现

（一） 英语必有主语的原因

一般认为英语类语言是非主语省略型语言是由主语出现与否这一独立的参数设定决定的，但是在本质上英语类语言必须出现主语是由英语的句子中心和扩充的格位理论的参数共同决定的，句子的主语出现与否不是一个原生的参数，而是一个可以由其他参数推导出来的推论。英语的句子中心包含了时态特征［T］和呼应态特征［Agr］，[①]两者结合为一个整体表现为不能独立的屈折语素附着在动词上。虽然句子中心附着在动词上与动词结合为一个整体，但它一样独立地发挥自己的能量，其中最重要的作用就是能够给主语指派格位。例如：

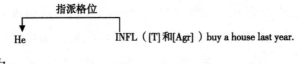

重写为：

（109） He bought a house last year.

英语是一种格位能量释放必选型语言，因为句子中心包含有显性的时态特征和人称呼应特征，这些特征指派格位的能量必须得到释放[②]。如果句子没有主语，句子中心的格位能量得不到释放，句子就会因违反扩充格位理论而不合法。例如：

（110）［e］   INFL buys a house.

（111）［e］   INFL is raining.

---

① 最简方案将时态和呼应态看作两个不同的功能［T］和［Agr］，分别投射为 TP 和 AgrP，由于不影响讨论，我们还将两者看作一个整体的句子中心 "I"。

② 最简方案认为显性特征必须得到核查，不然句子无法进入下一层面。

句子中心"I"包含有显性的时态特征和呼应态特征"＋s"，句子中心"I"指派格位的能量要得到释放，必须有显性的名词性成分接受格位。但例句中的主语位置是一个没有显性成分的空位"e"，不能接受格位，因此句子不合法。要使句子合法就要使格位指派能量得到释放，在句首添加一个接受格位的主语。例如：

（112）He buys a house.

（113）It is raining.

如果例（110）中主语的出现是有题元角色指派和扩充格位共同作用的话，那么例（112）形式主语这一毫无意义的主语"it"出现在句中的唯一目的就是要满足扩充格位理论，使句子中心指派的格位的能量得到释放。同样在存现句中形式主语"there"出现的原因也是为了满足扩充的格位理论的要求。

表面上看英语主语出现是一个孤立的参数设定，实质上英语的主语出现是由扩充格位理论这一深层的原则和句子中心包含显性的内容两个参数共同决定的。英语中必须出现主语是由于英语的句子中心包含指派格位的能量，而这一能量又必须得到释放。

（二）祈使句的无主形式的原因

英语祈使句的动词要以原型形式出现，不能采用具有时态特征和呼应特征的动词屈折变化形式。祈使句是由深层结构中的祈使特征［＋Imp］通过在句子的三个句法敏感位置采用删除、添加、移位、重叠等句法操作手段实例化形成的；祈使句表层结构中表现出的特点都是祈使特征［＋Imp］实例化的结果。祈使特征在不同的语言中可以采用不同的操作手段，形成不同的句法形式。

时态是语言表达中的重要语法范畴，刘丹青（2008：446）指出，"要想让语言单位与外部的世界的对象和事件联系起来，使语言单位表达真实世界中的现象，动词要借助于概念义以外的时、体义，特别是时的意义"。时态在各种语言中都存在，但表现手段并不相同。英语句子时态是必有的语法成分，没有时态的结构不能是句子，只能是短语，不然就不合法。例如：

（114）＊He coming.

（115）＊He to come.

从本质上说上面这些句子不合法是由于违反了格位理论，格位理论要求句中的名词性成分必须得到恰当的格位指派，不然句子就不合法。给主语指派主格的不是动词，而是附着于动词的句子中心。英语的句子中心是一个综合体，只有同时包含时态和呼应态时才完整，才具有给主语指派格位的能力。如果没有时态，句子中心就变得不完整，就不具有指派格位的能力。句首的名词得不到恰当的格位，句子违反格位原则自然就不合法。我们用下例来说明：

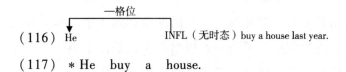

（116）He   INFL（无时态）buy a house last year.

（117）＊He   buy   a   house.

例（117）中的动词以原形形式出现，没有发生屈折变化，句子中心没有时态，句子中心不完整，不具有指派格位的能力，主语"he"得不到主格，句子违反格位理论，句子不合法。

祈使句在语义上表示的应当是将来时，因为说话者不可能让受使者对过去的事件做出反应，这在句法上可以通过英语中的附加问得到体现，英语的附加问采用"助动词＋主语"的手段来实例。附加问中的助动词与句子中心相一致。例如：

（118）a He bought a house，didn't he？

　　　 b＊He bought a house，doesn't he？

例（118）a 中的附加问的助动词和句子中心的助动词相一致都为过去时态时句子合法；当附加问中的助动词采用表示现在时态的"does"，而主句为过去时态时句子不合法，如（118）b。祈使句附加问中的助动词采用表示将来的"will"，而不能是其他时态的助词，说明祈使句在语义和语法上都应当包含将来时。例如：

（119）　a Take a seat, will you?

　　　　　b * Take a seat, don't you?

英语的祈使特征［+Imp］通过删除句子中心的时态成分的手段得到实例化，使祈使句由深层结构进入表层结构，在表层结构中动词表现为没有时态的原型形式。刘丹青（2008：27—28）认为采用不加"to"的不定式形式是英语的祈使句的重要特征。若祈使句中出现表示时态的成分句子不合法，例如：

（120）　* You will take a seat!

例句表示将来时的陈述句合法，但表示祈使句时句子不合法。

祈使句的谓语动词采用原形，通过系动词"be"能更好地反映。系动词"be"在句中通常与句子中心的时态和呼应态结合，重写为"am/is/are/ were/was"等形式，但在祈使句中，系动词只能用原型"be"，而不能是其他形式。例如：

（121）Be quiet!

（122）　* Are/ Were/ Was quiet!

可见祈使句的动词采用的是无形态变化的原型，本质上是句子中心的时态被删除。我们用下图表示祈使句无主语的生成：

[Imp]you will eat an apple   Eat an apple!

　　英语祈使句中不能有显性主语，是学者们经常讨论的祈使句的特点。我们认为这只是一个表面现象，这种现象背后的根本原因应当是格位理论，而不是主语的语用省略。① 祈使特征实例化删除了动词的时态特征，动词采用原型形式缺少时态和呼应态的变化，更深层的原因是祈使句的中心不含有时态。而英语的句子中心是一个综合体，必须是谓素、时态、呼应态全部具备时才有给主语指派格位的能力，祈使句的句子中心缺少时态，不完整，不具有给主格指派格位的能力，祈使句的主语由于得不到格位指派而以隐性方式出现在句中，不然句子就不合法。例如：

　　（123）　∗ John be quiet!

　　（124）　∗ Mr Lee come here!

　　例句不合法是由于祈使句的动词采用的是没有形态变化的原型形式"be、come"。句子中心缺少时态变化，不具有给前面的名词指派格位的能力；句中出现了无格位的名词"John、Mr Lee"违反了"名

------

① 语用省略是一种语用现象，省略的部分可以补出，但是祈使句是句法删除，删除是一种句法手段，为了满足某种句法要求，删除的成分不能补出。

词必须得到格位指派"这一重要句法原则，所以句子不合法。

英语祈使句的句首有时会出现名词性成分，通常是表示不定指的代词，或表示全称的代词。例如：

　　（125）　a　Somebody take off his coat!

　　　　　　b　Everybody shut their eyes!

有学者认为句首出现的名词是句子的主语，如：Beukema & Coopmans（1989），吴国良（1991），刘红（2002）等，这时祈使句的动词也采用的原型形式，但句首出现了显性的名词"somebody"，"everybody"等有显性成分，似乎违反了格位理论，但句子依然合法。我们认为这时句首的名词不是主语，没有得到句子中心指派的主格，它得到的是一种类似于呼语成分得到的呼格，真正的主语还是隐性的第二人称"you"，可以通过约束原则进行证明①。总之祈使句中没有主语不是语用省略，也不是一种原生的参数，而是由祈使特征采用删除句子中心时态特征实例化的方法和格位理论共同作用的表面现象。

（三）再看英语主语必选和祈使句无主语的悖论

传统句法认为英语是一种主语必须出现的非主语省略型语言，但祈使句却是以无主句的形式存在，两者之间的矛盾似乎不可调和，没有得到很好的解决。但从本质上看，英语必须出现主语不是一个原生的参数，出现主语的根本目的是满足扩充的格位理论，使含有时态和呼应态的句子中心的格位能量得到释放。而祈使句采用无显性主语的方式出现，它的深层原因是为了满足格位理论。句子中心由于祈使特征实例化删除了时态，变得不完整，不具有主语指派格位的能力，所以主语不能出现。我们用下表来推导两者的矛盾：

$$句子中心有时态 \xrightarrow{扩充格位理} 句子必有主语$$

① 祈使句句首的名词与句子中的代词之间的同指关系与普通句子中的主语和句子中名词的同指关系表现出一系列差异，说明句首存在隐性的第二人称主语。

句子中心无时态$\xrightarrow{\text{格位理论}}$主语不能出现

英语祈使句的句子中心以无时态的方式出现，失去了给句首的主语指派主格格位的能力，自然也不会要求句子必须有主语，也就不会违反扩充的格位理论，所以句子不出现主语是理所当然的。句子必有主语和祈使句不出现显性主语都不是原生的语言参数，而是与句子中心的内容有关推导。祈使句中的句子中心以无时态形式存在，为了满足格位理论，句子不出现主语；陈述句中的句子中心有时态时，为了满足扩充格位理论，必出现主语；两者完全不相悖，因为形成两者的基础的句子中心所含内容不同。

四 汉语和日语祈使句的主语隐现

汉语和日语的祈使句动词也采用无时态的动词形式，有时态特征的动词不能表示祈使句。例如：

（126）a. 买一碗面！b. ＊买了一碗面！c. ＊买过一碗面！d. ＊买着一碗面！

（127）a. 洗衣服！ b. ＊洗了衣服！ c. ＊洗着衣服！d. ＊洗过衣服！

日语中动词有没有时态特征是判定祈使句的重要标准之一，仁田义雄（1995：12）指出："祈使句没有时态的存在和分化……动词采用不定形。"例如：

（128）Anata － wa   hayaku kaee － te kite chou dai！
（无时态）
        你   主格   快点   回   祈使标记
你快点回来！

但汉语和日语中的主语可以随意地出现在句子中，这与英语有很大的区别。例如：

（129）a. 你吃饭吧！　　b. 你赶快走吧！

日语：

（130）a Anata – wa　　hayaku　kaee – te　kite chou dai!

　　　　　你　主格　　快点　　回　　　　祈使标记

你快点回来！

b Hayaku　kaee – te　kite chou dai!

　快点　　回　　　祈使标记

快点回来！

（131）a Anata – wa　ano hon　wo　moote kite!

　　　　你　　主格　那本书　宾格　给我 – 祈使标记

你把那本书给我！

b Ano hon　　wo　moote kite!

　那本书宾格　给我 – 祈使标记

给我那本书！

　　我们认为汉语、日语中不出现主语的祈使句是由带有主语的祈使句省略而来的，带有主语的祈使句是汉语的基本形式。英语、汉语、日语的祈使句中的动词都没有时态特征，但与英语不同，汉语和日语的句子中心包含的只有谓素，只要有谓素句子中心就能给前面的主语指派格位。同时汉语和日语又是主格能量释放可选型语言，所以无论是否出现主语，句子都合法。我们以汉语的"你走！"为例进行说明。例如：

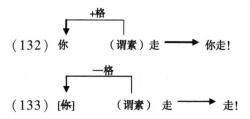

（132）你　　　（谓素）走 ——→ 你走！

（133）[你]　　（谓素）　走 ——→ 走！

汉语的句子中心只有谓素，与时态和呼应态无关。当句子中心指派格位能量得到释放时，可以给主语"你"指派主格，句子满足格位理论，句子合法，形成有主语的祈使句"你走!"。当句子中心的能量选择保留，句子的主语"你"得不到格位指派，以隐性方式出现，形成无主语的祈使句"走!"。

五　移位祈使句中的主语

英语的祈使句一般以无时态的不定式形式出现，由于格位理论，句子的主语不能出现。在英语中祈使特征也可以通过移位的手段来实例化，形成倒装祈使句，这种祈使句通常表示祝贺。例如：

（134）May you succeed!（引自王兴国 1996）

（135）May you both be happy!（同上）

我们不难发现这时祈使句的主语"you"都出现在句中，不然句子不合法。例如：

（136） ＊ May succeed!

（137） ＊ May be succeed!

这一现象和英语中必须出现主语的原因具有一致性，因为这时的句子中心不是时态和呼应态，而是情态助词"may"，句子中心以完整形式出现，根据扩充的格位理论，句子中心指派格位的能量必须得到释放，所以句子的主语必须出现。

英语句子主语必须出现的根本原因是由于句子中心包含时体和一致态特征，句子中心指派格位的能力必须得到释放指派给主语，不然就违反了扩充的格位理论。而祈使句由于祈使特征实例化采用的删除时态的手段，因此祈使句中的动词没有时态，句子中心并不完整，不具备指派主格的能力，所以句子的主语不能出现。表面上看相矛盾，但在本质上却是由祈使特征实例化、格位理论和句子中心的不同参数设定共同作用的结果。汉语、日语等句子中心只包含谓素的语言，与时态无关，由于句子中心格位能量是否释放是可选型，因此即使没有时态，祈使句的主语出现与否都合法。

小　结

祈使是人类语言的共同范畴之一，长期以来得到了广泛的关注，认为祈使句是按照句子语气分出的四类句子之一，我们认为祈使特征是句法学意义下的句子功能，按照句子功能的判断标准，祈使特征只出现在句子中，不能在短语和小句中出现，能促使句法结构变为独立运用的句子，具有成句性。祈使特征作用于全句，在句子的三个敏感位置通过四种句法操作手段实例化，得到线性结构上的体现，形成有特定语法标志的祈使句。祈使特征符合句子功能的判断标准时典型的句法学意义下的句子功能。通过研究祈使特征的实例化，我们认为祈使句的句法特点是祈使特征线性实例化的结果，是一种衍生物而不是原生的句法特点。英语祈使句中没有主语，动词使用原型等特点以及与汉语的不同都是祈使特征实例化和句子中心的不同参数设定造成的表面现象，是可以推导出来的。

第六章

假设特征的实例化

第一节　假设范畴是一种句子功能

假设是一种重要的语义语法范畴，在语义上通常表示未出现的事物，或者表示说话者本人虚拟出现的事实，假设范畴通常在句法上表现为假设句。汉语中的假设句通常是假设条件复句的偏句，它提出一种假设的情况，正句说明这种情况下产生的结果。

虽然语法学者对假设句的性质、范围等看法存在差异，但假设句在不同的语言中都客观存在，并且具有跨语言的普遍性，是语法学界所普遍承认的。[①]

假设范畴表示句子是一种主观的设定，与客观事实之间并没有直接联系，与违实句并不是同一范畴。假设句可以是对过去的假设，是与事实相悖的完全不可能实现的违实句；也可以是对未来事物的假设，是能够实现的可能句；也可以是客观存在的真实句。假设句是表达者主观认定的情况，是一种主观的假定。例如：

（1）假使你再长大五岁，我会告诉你事实的真相。（对将来的假设，有可能实现。）

（2）假如李时珍不进行深入细致地调查，他是不可能写出

---

① 假设范畴和虚拟范畴有重合也有区分，这里统称为假设范畴。

《本草纲目》的。（对过去的假设，不可能实现。）

（3）如果你现在还在路上，那么你就再回办公室一趟。（对现在的假设，是否合客观事实不能判定。）

（4）如果地球不自转的话，就不会出现昼夜交替的现象。（对客观事实的假设，不可能的假设。）

（5）如果光具有波的性质，那么通过波的衍射应当出现亮斑。（光有波的性质得到了实验的证明，对客观事实的假设。）

广义的假设范畴还应当包括传统语法中的条件句（充分条件、必要条件和无条件的条件），条件句也不总以客观事实为基础，也是以表达者主观认定的虚拟事物为前提，条件句也是一种假设，常使用的标记是"只要、无论、只有、除非"等。

假设不但是一种语义－语法范畴，也是一种典型的句子功能，作用于全句，具有成句性，而且必须在句子的三个敏感位置采用移位、添加、重叠、删除等操作手段进行实例化得到线性结构上的体现。

一　假设范畴是一种全句功能范畴

（一）假设范畴作用于整个命题

假设范畴的作用域是整个命题，而不是作用于句子的某一句法成分，因此是一种属于全句的功能范畴。假设范畴可以通过添加假设标记的手段进行实例化，假设标记作用于全句，而不是某个句法成分。例如：

（6）如果生活失去了令人向往的前景和理想，那么就不会召唤人们紧张地全力以赴地去工作。

（7）你不讨厌我的话，我会常来的。

（8）如果四个月的任务争取三个月完成的话，连起带运，每个人每天至少得搞一方石头。

例句中的假设标记"如果"出现在句首位置，表明整个句子带有假设范畴，是一个虚拟的事实，"如果"不作用于句子的句法成分，与主语"生活"、谓语动词"失去"、宾语"令人向往的前景和理想"等都没有直接的联系。假若没有假设标记"如果"，"生活失去了令人向往的前景和理想"只能是一种陈述句，主要作用是表达者向听话人陈述一个事实；假设标记"如果"促使这一句子由客观陈述变为一种主观假设，是后面主句"不会召唤人们紧张地全力以赴地去工作"出现的虚拟前提。

假设标记"的话"出现在句尾，张斌（2002：487）认为"的话"可以用在表示假设的分句后，起帮助假设的作用。"的话"所表示的假设范畴也是全句功能，与句中的句法成分没有任何联系。表示假设的"如果"和"的话"有时会同时出现在同一假设句的句首位置和句末位置，这时两个假设标记也都与句中的句法成分没有直接联系，这一性质与表现疑问特征的疑问标记"吗"有着一致性。

"如果""假设""要是"可以出现在句中，而且位置相对灵活。例如：

（9）如果陈奂生卖油绳卖得好，那么他就有钱买一顶帽子。

（10）陈奂生如果卖油绳卖得好，那么他就有钱买一顶帽子。

（11）陈奂生卖油绳如果卖得好，那么他就有钱买一顶帽子。

例句中表示假设的标记"如果"出现在句首和句中，在句中又可以出现在不同的句法位置；假设标记"如果"可以无条件地由"假设""要是"等其他表示假设的标记替换。例如：

（12）要是/假如陈奂生卖油绳卖得好，那么他就有钱买一顶帽子。

（13）陈奂生要是/假如卖油绳卖得好，那么他就有钱买一顶帽子。

（14）陈奂生卖油绳要是/假如卖得好，那么他就有钱买一顶帽子。

无论表示假设范畴的假设标记"如果""假若""要是"等出现在句中的什么位置，它的作用范围都是全句，而不是句中的某一句法成分。

"只有""只要""无论"等传统语法认为表示条件关系的标记，在本质上也是一种假设范畴，它们引导的句子不是客观事实，而是一种主观的假设，这一假设范畴也作用于全句，而不是句中的某一句法成分。例如：

（15）只要你坦白交代，就能从宽处理。

（16）只有你坦白交代，才能从宽处理。

（17）无论我们走到什么国度，都不会忘记我们伟大的祖国。

例句中的条件可以是充分条件、必要条件和无条件条件，都是一种主观假设，与客观事实没有必然的联系，条件标记"只有""只要""无论"都作用于全句，而不与句中的句法成分发生关系。

英语中表示假设范畴可以通过添加假设标记"if"的手段进行实例化，添加于句子的［C、CP］位置，作用于整个句子，这样的假设句标记不能出现于句中，与句中的句法成分没有关系。例如：

（18）If he comes, I will run away.

（19）If they hadn't gone on vocation, their house wouldn't have been into.

（20）If we left now, we should arrive in good time.

假设标记"if"与句子中的句法成分没有关系，同时将一般客观陈述句转化为虚拟的假设，成为后面主句产生的条件和前提。

有些语言的假设范畴标记出现在句中，但这一标记和与之相邻的句法成分没有关系，也是作用于全句，表示整个句子是一种虚拟的条件，不是对客观事实的陈述。例如土族语、东乡语等。

土族语：

（21）tɕə denjindʐə udʐ – sa bu ɕii udʐeja.（引自孟达来 1999）

如果你看电影，我就看戏。

保安语：

（22）ɕirodə ɢura or – sə ndʐaŋ lə rəm.（同上）

要是下雨，他就不来了。

康家语：

（23）bi hɔla – sa ʉrʉ ajina.（引自斯钦超克图 1999：157）

我生气的话，他就害怕。

假设标记"sa""sə""sa"出现在句中，是一种屈折语素，附着在动词之上，与动词变为一个整体，但假设标记的作用是标识整个句子不是客观事实而是一种虚拟的情况，而不是表明动词具有的特殊性。

（二）假设标记只作用于独立的句子

句子是最小的具有表述性和独立性的语法单位；表述性和独立性是句子自身的固有属性。如果一个主谓结构充当句子的句法成分就不再具有独立性，也就不是句子只能是小句。例如：

（24）a 他知道我回家了。

　　　b 我回家的事已经定下来了。

　　　c 我回家已经不可能了。

"我回家了"可以作为一个独立运用的句子，也可以充当句法成分，在上面例句中分别充当动词的宾语、名词的修饰语和句子的主语，充当句法成分的主谓结构不能再具有句子功能。比如，疑问功能不能出现于从句中，不然句子就不合法。例如：

(25)〔他知道我回家了〕吗？

　　＊他知道〔我回家了吗〕？

(26) 我回家的事已经定下来了吗？

　　＊〔我回家吗的事〕已经定下来了。

(27) 我回家已经不可能了吗？

　　＊〔我回家吗〕已经不可能了。

作为句法成分的"我回家"已经不是独立运用的句子，不能包含疑问特征这一全句功能范畴，产生疑问功能。

同样假设范畴作为一种全句功能范畴也只能作用于整个句子，而不能作用于充当句法成分的主谓结构。例如：

(28) a 我回家的话，明天就能赶回来。

　　b 他知道我回家的话，明天就能赶回来。

　　c 他让我回家的话，明天就能再赶回来。

上面各句的假设标记作用于全句，句子合法。如果假设标记作用于充当句法成分的主谓结构句子就不能成立。例如：

(29) a＊他知道〔我回家的话〕，明天就能再赶回来。

　　b＊他让〔我回家的话〕，明天就能再赶回来。

　　c＊〔我回家的话〕不是问题，明天就能再赶回来。

同样表示假设的其他标记"如果、假如、只要、只有"等，也只能作用于全句，而不能作用于充当句法成分的主谓结构①。例如：

（30）如果他知道我回家的话，明天我就要赶回去。

　　＊他知道如果我回家的话，明天我就要赶回去。

（31）只要他知道我回家，明天我就赶回去。

　　＊他知道只要我回家，明天我就赶回去。

　　总之，假设范畴是一种作用于全句的句法范畴，它的作用范围是全句不是某一句法成分，因此只能出现在独立运用的句子中，不能出现在充当句法成分的主谓结构中，这与疑问范畴、祈使范畴具有一致性，而与话题、焦点等存在明显的差异。

　　同样，英语中的假设范畴也不能出现在充当句法成分的主谓结构中，而只能出现于全句，不然句子就不合法，英语中表示假设的手段可以是添加假设标记"if"；也可以发生谓首移位，形成助动词在前，主语在后的倒装结构。但两者却不能出现在从句中。例如：

（32）If you need help, I will help you.

　＊I know if you need help,

（33）Had I time, I will come.

　＊You know had I time,

二　假设功能的成句性

　　句子功能出现于独立运用的句子中，它能促使具有表述性的结构变为句子，单独的词语是没有特点的句法结构，但是词语若有句子功能也能成为独立运用的句子。例如：

---

①　例句中只有表示整个复句"如果我回家的话，明天我就要赶回去"充当动词的补足成分时句子合法，但表示"如果我回家"作动词的补充成分时，句子不合法。

（34）［＋Q］他　　→　　　　他吗？

　　　　［＋Q］走　　→　　　　走吗？

　　　　［＋Imp］走　→　　　　走！

　　　　［＋Q］大　　→　　　　大吗？

　　假设范畴也能促使句法结构转换成为独立运用的句子，与祈使特征［＋Imp］和疑问特征［＋Q］不同，假设特征促使句法结构变为独立的分句，通常是复句的一部分。

　　（一）假设范畴可以促使有表述性的结构独立为假设句

　　假设范畴能够促使有表述性的结构独立为假设句，具有表述性的结构添加假设特征能够变为独立运用的假设句。例如：

（35）（［＋H］我今天回家），明天来。

　　　　我今天回家的话，明天就回来。

（36）（［＋H］我不回来），你先走。

　　　　我不回来的话，你就先走。

（37）（［＋H］生活失去了乐趣和美好的希望），那么人们就失去了对生活的向往。

　　　　如果生活失去了乐趣和美好的希望，那么人们就失去了对生活的向往。

　　出现在句子深层结构中的假设特征通过实例化得到表层结构的体现，具有表述性的结构具有假设特征，在表层结构通过添加显性标记的手段得到标识，成为独立运用的假设句。

　　（二）假设特征能够促使没有表述性的结构独立运用

　　没有表述性的句法结构，诸如单独的名词、动词等，也可在假设特征的促使下变为独立运用的句子。例如：

（38）［＋H］小明

小明的话，我们就重新考虑一下。

（39）［＋H］大象

大象的话，我觉得可以将这部车扛出来。

（40）［＋H］去

去的话，我们就一起来。

（41）［＋H］喝

如果喝的话，我们就一起来。

（42）［＋H］大

要是大的话，就换一个小点儿的。

（43）［＋H］十个

假如十个的话，我们可以用去九个。

如果没有句子功能，"小明、大象、去、喝、大、十个"等就只能是出现在词库中的词语，不具有表述性，不能独立地运用，不是句子，这些词附着于假设特征，并通过句法操作手段实例化，在线性结构上得到体现，成为独立运用的句子，假设特征的这一性质与疑问、祈使等句子功能具有高度的一致性。

三　假设特征在句子的三个敏感位置通过操作实例化

句子功能是指在句法结构上有表现的语法范畴，这些语法范畴作用于全句，并且通过有限的句法操作手段在句子的三个敏感位置——句首、句尾和谓首实例化得到句法上的体现。假设特征作用于全句并且在句子的三个句法敏感位置通过有限的句法操作手段实例化，得到句法表层形式上的体现，在线性结构中表现为有标志的句子。

（一）假设特征可以句首加标的手段实例化

假设特征可以通过添加标记的手段在句子的线性结构中得到实例化，添加的位置是句子的三个敏感位置，可以是句首，也可以是句尾和谓首，添加的标记可以是词，也可以是语素或者屈折形式，我们将通过语言事实进行说明。

　　汉语普通话的假设标记"如果、要是、假如、只有、只要"可以添加在句首表示句子不是客观陈述句，而是一种假设，是表示主观的虚拟句，是后面主句出现的前提和条件。例如：

　　（44）如果每一天都是一个新的开端，那么每一次失败都是昨日的往事。

　　（45）要是每一个青年坚持献血两次，血荒就不会发生。

　　（46）假如地球上没有空气，那么无论怎样完美的翅膀也不能飞起来。

　　（47）只有将问题交代清楚，才有可能得到宽大处理。

　　（48）只要将人类的智慧聚在一起，就能形成战胜自然的力量。

　　例句中的假设标记"如果、要是、假如、只有、只要"等都添加于句子的句首位置，通过添加假设标记的方法，使位于句首的假设特征实例化，在线性结构上得到体现，形成表层结构有标记的虚拟句。

　　英语中的假设句可以用添加标记的手段表达，英语中的假设标记"if"也出现在句子的句首位置。例如：

　　（49）If I was you, I should have a good time first.

　　　　　如果我是你，我就先享受一下。

　　（50）If the book were in the library, I should have it.

　　　　　如果书在图书馆中，我就让你借了。

　　（51）If I made a mistake, I should say sorry.

　　　　　我如果犯了什么错，我说声对不起。

　　（52）If you were to come tomorrow, I might have time to see you.

　　　　　如果你明天过来，我可能会有时间见你。

　　假设标记"if"出现在句子句首的语法敏感位置，促使假设特征

［＋H］得到实例化，形成条件句。我们用下面的图表示。

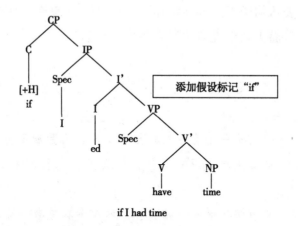

我国少数民族中的黎语、克蔑语等的假设范畴也可以通过在句首添加假设标记的手段得到实例化。例如：

黎语（引自苑中树 1994：104—107）：

（53）la：i³ na′ ta′ pw：n′, hou′kom³ hei′lo′.

　　　如果 他 不 来 ，　我 就 不 去 了。

如果他不来，我就不去了。

（54）la：i³ mew′ta′n̩at⁷ʔde³, ʔde³kom³ ta′hei′.

　　　如果 你 不 催 我，我 就 不 去。

如果你不催我，我就不去。

克蔑语（引自陈国庆 2005：137）：

（55）pɔ³¹ me⁷⁵³ ma³¹ n̩aŋ³⁵, ɔ⁷⁵³kɔ ti⁷⁵³ n̩aŋ³⁵.

　　　如果你 不 去，我 就 将 去。

如果你不去，我就要去。

仡佬语（引自张济民 1993：166）：

（56） ʐau¹³ sʅ¹³ su³³u⁴² an³³ kɛ³³ ə⁴², su³³i⁴²<u>tɯ</u>¹³ vu⁴²ə⁴²

      要　是　他 在 家　不，　我　　就　去不。

要是他不在家，我就不去。

（57） zu²¹ ko³³ thɯ³³ mei³³ zau⁵⁵ su³³ ə⁴²，su³³ sa³³ <u>tɯ</u>¹³ thin⁵⁵ mpə²¹ tshɛ¹³.

       如果　　下　　雨 龙 大不，你 们　就　点 粮 苞谷。

如果不下大雨，你们就点种苞谷。

村语（引自欧阳觉亚 1998：126）：

（58） zi⁵kuə⁵　bai⁴hau⁵　la⁵fən¹，kə⁵　<u>tθiu</u>³　vɛn³　bən⁴.

       如果　明天　　下雨　我　就　　不　　来。

如果明天下雨，我就不来了。

例句中黎语的假设标记"la：i³"，克蔑语的假设标记"pɔ³¹"，亿佬语的假设标记"zu²¹ ko³"，村语的假设标记"zi⁵kuə⁵"都是助词，都出现在假设句的句首位置。

（二）谓首添加标记表达假设范畴

假设范畴可以通过添加假设标记的手段实例化，假设标记可以出现在句首，也可以添加在谓首，徐杰（2006）就假设标记出现在谓首位置进行了论证。在谓首出现的假设标记可以是独立的词，也可以与动词结合，重写为动词的屈折形式，我们通过下面的语言事实说明。

汉语中的假设标记"如果、假如、若、只要"等可以出现在主语之后、谓语动词之前的位置，如果句中出现助动词，则假设出现在助动词之前。例如：

（59）你如果没有足够的信息，就没有足够的力量。

（60）你假如害怕失败，那么你就会停留在成功的前沿。

（61）他若没有勇气，就不会一个人渡江侦查。

（62）我们只要能将一切顾虑放置脑后，就有可能取得这次战斗的胜利。

汉语中的假设标记不但能出现在句首，也能出现在句中的谓首，两个位置都可以添加假设标记表示假设句。

苏州话是吴语的代表之一，它的假设形式可以在动词后添加完成体助词"仔"，但这时的助词应当看作是假设标记，虽然"仔"在线性位置上出现在动词之后，但在结构位置上应当是句子中心"I"位置，是谓首位置。例如：

（63）我是仔俫，就勿答应。（我要是你，就不答应。）（引自刘丹青 2008：485）

（64）苏州是仔上海，店生意就好哉。（要是苏州成了上海，这家店生意就好了。）

（65）我换仔老张，辦点价钿就勿肯卖。（我换成了老张，这点价钱就不肯卖。）

"仔"出现在句中，附着在动词之上，是一种动词上的标记，这比句末的语气词更接近于形态，这种标记应当是位于谓首位置和动词结合为一种形态变化。

许多少数民族语言中的假设标记也是一种屈折语素，附着于动词，在本质上假设特征也是出现在句子的谓首位置，通过添加假设标记的手段实例化。例如：

乌孜别克语（引自孟达来，1999）：

（66）ægær men æjtmæ－sæ－m，sizlær nimæ qilæʌlæsizlær？
如果我不说，你们又该怎么办呢？

东部裕固语（同上）：

（67）ʧə unə ab‑sa bə tunə abəja.
如果你要这个，我就要那个。

哈萨克语（同上）：

（68）（eger）men odan sura‑sa‑m, ol søzsiz maʁan ajtatə.
如果我问他，他一定告诉我。

维吾尔语（同上）

（69）kiʃilɛr bilmisun di‑sɛ‑ŋ ʃu iʃni qilma.
若要人不知，除非己莫为。

这些少数民族语言的假设句都通过动词的屈折形式表达，这些屈折语素是一种假设标记，在本质上是位于谓首"I"位置的假设特征实例化并与动词重写的结果。

（三）句尾添加假设标记表达假设范畴

表达假设范畴的假设标记可以添加在句尾，这种现象在汉语普通话和方言中大量存在，在少数民族和国外语中也经常出现。

汉语普通话的假设标记"的话"出现在假设句的句尾表示假设范畴。例如：

（70）你早走一天的话，就能赶上大部队。

（71）敌人的阴谋得逞的话，我们的革命又要面对大量的牺牲。

（72）抛开个人情感的话，他是一个让人佩服的对手。

　　假设标记"的话"只能出现在假设句的句尾敏感位置，不能出现在句首和谓首句法位置，相似的标记还有"时、的时候、着"等。

　　邢向东（2005）指出神木方言中表示虚拟（假设）的标记有"时价、起、动"等，大都可以处于句尾语法位置。例如：

　　（73）早晓得你来时价，我还煞精费加嘞？（引自邢向东2005）

　　（74）天再暖和些尔时价，咱们就能要水去了。

　　表示假设的"时价"处于假设句的句尾位置。有时"时价"表示一种纯粹的虚拟，不处于复句之中，不是主句的条件，这时"时价"也处于句尾位置。例如：

　　（75）我也报陕师大时价。

　　（76）哎，我呀上你的话时价。

　　（77）这房子再大点时价。

　　这种情况常用于假设另一种情况，表达自己遗憾的心情，常常带有一种惋惜不已的口气。

　　"动、起、动起、起动起"表达假设范畴，也是神木方言的假设标记，只能出现在假设句的末尾。例如：

　　（78）你想睡动睡去吧。

　　（79）天下雨动我早起来了。

　　（80）早晓得这么回事起，我来挨刀嘞？

　　（81）你要再要水动起，操心腿把子着。

　　（82）给给我动起，有定饶不过他。

　　（83）你要再出洋相起动起，我就给你妈告也。

　　神木方言的假设标记在句尾句法位置，说明假设特征可以在句尾敏感位置通过添加标记的手段进行实例化和具体化。

　　上海话的假设标记也可以出现在句末的语法位置，通常是后置假设标记"末、是、咾、个闲话、仔"五个。

　　例如（转引自钱乃荣2003：302—303）：

　　（84）侬居去<u>末</u>，叫个替工来。（如果你回去，叫个替工来。）

　　（85）侬来<u>末</u>，我候侬。（要是你来，我就等你。）

　　（86）侬早一点通知<u>是</u>，我昨日好来了。（你早一点通知的话，我昨天就可以来了。）

　　（87）我是侬<u>咾</u>，老早去唻。（我要是你，早就去了。）

　　（88）我是侬<u>个闲话</u>，老早去唻！（我要是你，早就去了）

　　（89）明朝勿落雨<u>仔</u>，阿拉就到公园里去。（如果明天不下雨，我们就去公园。）

　　国内少数民族语言的假设标记也可以出现在句尾位置，例如哈尼语、浪速语等。

　　哈尼语引自（李永燧、王尔松1986：87）：

　　（90）no^{55} so^{31} ɣa^{31} xu^{33} mo^{31} ŋɔ^{31}，ŋ a^{55} so^{31} ɣa^{31} ba^{31} li^{31} ņ a^{55}
　　　　你　书　看　要　的话　　我　书　　拿　去（助）
　　你要看书的话，我去拿书。

　　浪速语引自（戴庆夏2005：114）：

　　（91）lam^{35}　phuk^{55} ʧɔ^{55}，ʃau^{31}　ʃau^{31}　vai^{31}　aʔ^{31}
　　　　太　贵（连）　少　少　买　（助）
　　太贵的话，少买点！

（92）khjɔ³¹　su⁵⁵ mjɔ³⁵ tʃɔ⁵⁵，khjik³¹ nɔ³¹ ʒa⁵⁵

　　　路　走　多（连），　腿　痛

路走多的话，腿痛。

四　假设范畴与其他句子功能的互补

互补分布（排斥现象）是判断语法单位是否同一类别常用的方法，具有相同分布的语法单位通常能够相互替换，具有相同的语法性质，经常被归为一类；同一类语法单位具有相似的语法性质，通常在同一句法位置相互排斥。例如，我们在判别词性时应根据词的语法性质，在汉语这种形态变化不发达的语言中，分布就是主要的形态。同样，相同的词类组成聚合关系，在句法结构中可以相互替换，而不能同时出现于同一句法单位，不同的词类具有组合关系，在线性结构中相互组合构成句子。

假设特征与其他的句子功能也存在互补关系，假设范畴与典型的句子功能疑问功能相互排斥，不出现在同一句子中，我们认为两者互补分布、相互排斥的现象说明假设特征和疑问特征具有相同的性质，疑问特征是一种典型的句子功能，假设特征也应当是句子功能。

假设特征与疑问特征相互排斥，两者都出现在同一句中，句子不合法。[①]

（一）假设标记和是非问标记"吗"相互排斥

假设标记"如果"和是非问的标记"吗"同时出现在句子中，句子不能表示疑问，也不能表示假设，不合法。例如：

（93）＊如果你今天回来吗？

　　　＊如果敌人的阴谋会得逞吗？

　　　＊今年的粮食如果能卖个好价钱吗？

----

① 这里只讨论全句功能的疑问特征与假设特征的互补关系，词汇疑问特征将在下一节讨论。

　　*生活如果会带给我们想要的一切吗？

　　从线性位置上看，假设标记"如果"出现在句首位置和句中的谓首语法位置，而作为疑问特征实例化结果的疑问标记"吗"只出现在句尾语法位置，两者之间不存在线性关系上的冲突，但例句中的句子全都不能成立。

　　同样，出现在句尾的假设标记"的话"和是非问标记"吗"同时出现在一个句子中时句子不合法。例如：

（94）　*你今天来的话吗？

　　　　*你今天来吗的话。

　　　　*敌人的阴谋会得逞的话吗？

　　　　*敌人的阴谋会得逞吗的话。

　　　　*今年的粮食能卖个好价钱的话吗？

　　　　*今年的粮食能卖个好价钱吗的话。

　　疑问标记"吗"是疑问特征实例化的结果，出现在句尾语法位置；假设标记"的话"是假设特征实例化的结果，也出现在句尾语法位置，两个标记相互排斥，不能出现在同一句法位置，无论"的话"与"吗"有怎样的线性顺序，句子都不合法。

　　（二）"如果、假设"等假设标记不能出现在正反问句

　　正反问句是疑问特征在谓首位置采用重叠的手段实例化的结果，是疑问特征在线性结构上的具体化。"如果、假如"等假设标记可以出现在句首，也可以出现在句中的谓首位置。但是，无论假设标记"如果、假如"出现在句首还是谓首，句子都不能是正反问句，不然句子就不合法。例如：

（95）　*如果小明明天能不能按时赶来，（表示假设）

（96）　小明明天能不能按时赶来？（表示疑问）

＊如果小明明天能不能按时赶来？

＊如果小明明天能按时赶来不能？

＊假如小王明天能不能按时赶来？

＊假如小王明天能按时赶来不能？

＊小明如果明天能不能按时赶来？

＊小明如果明天能按时赶来不能？

＊小明假如明天能不能按时赶来？

＊小明假如明天能不能赶来？

例句中的假设标记"如果、假如"无论出现在句首还是出现在谓首，正反问句的格式无论采用 AB 不 A 式，还是采用 A 不 AB 式，相互组合后的结构都不合法，不能表示疑问，也不能表示假设。

（三）假设标记"的话"不能出现在正反问句中

假设标记"的话"出现在句子末尾的线性位置，表明句子是一种假设的情况，"的话"表示假设也与正反问句相排斥，不能出现在同一句中，不然句子就不合法，不能表示疑问，也不能表示假设。例如：

（97）小王明天能按时赶到的话，我们就在这等他。（表示假设）

（98）小王明天能不能按时赶到呢？（表示疑问）

＊小王明天能不能按时赶到的话？

＊小王明天能按时赶到不能的话？

假设标记"的话"在线性位置上处于句末，正反问句的疑问特征是在谓首位置实例化，两者在线性结构中没有冲突，但句子同时出现假设标记"的话"和正反疑问结构时句子不能表示疑问也不能表示假设，是不合法结构。

（四）表示条件的"只有、只要"也不能和正反问句兼容

"只要、只有"在复句关系中表示一种条件关系，句子是广义假设句，也可以将"只要、只有"看作假设标记的一类，虽然表示的意义与"如果"等不相同，但都表示假定的范畴，是假设内部的不同类别。"只有、只要"等标记也与正反问句相排斥，不能出现在统一句子中，不然句子不能表示疑问也不能表示假设，句子不合法。例如：

（99）只要许三多能做到五十个腹部绕杆，我就把流动红旗还给你们班。

（100）只有许三多能做到五十个腹部绕杆，我才把流动红旗还给你们班。

（101）＊只要许三多能不能做到五十个腹部绕杆。

（102）＊只有许三多能不能做完五十个腹部绕杆。

假设标记"只有、只要"可以出现在谓首位置，此时"只有、只要"与正反问句的组合一样不合法。例如：

（103）＊许三多只有能不能做完五十个腹部绕杆。

＊许三多只要能不能做完五十个腹部绕杆。

＊许三多只有能做完五十个腹部绕杆不能。

＊许三多只要能做完五十个腹部绕杆不能。

可见表示有条件的"只有、只要"不能和表示疑问"A 不 AB"和"AB 不 A"正反问句格式出现在同一句子中。

表示无条件的标记"无论"也表示一种广义的假设范畴，"无论"可以与"V 不 V"格式出现在同一句子中，但这时的"V 不 V"格式不表示正反问句。例如：

（104）无论许三多能不能做完五十个腹部绕杆，我都会将流

动红旗还给你。

（105）许三多无论能不能做完五十个腹部绕杆，我都会将流动红旗还给你。

（106）无论许三多能做完五十个腹部绕杆不能，我都会将流动红旗还给你。

（107）许三多无论能做完五十个腹部绕杆不能，我都会将流动红旗还给你。

"无论"与"V不V"格式出现在同一结构中，由于"无论"表示的意义是所有可能，这时的"V不V"格式已经失去了表示疑问的功能。总的来说，标识条件的标记也不能和正反问句兼容出现在同一句子中。

（五）"可VP"句中不能出现假设标记

汉语中的疑问特征［＋Q］可以在谓首通过加标记的手段实例化和具体化，使特征得到线性位置上的体现，汉语普通话中可以形成"可VP"问，其中，"可"可以作谓首的疑问特征。例如：

（108）许三多可是来自河南农村？

（109）史今班长可去过钢七连？

我们在前面认为是非问、正反问和"可VP"问是疑问特征在不同的句法位置采用不同的句法操作手段实例化的结果，由于三类问句相同的疑问特征，因此可以相互转化。假设功能与是非问和正反问句相排斥，自然与"可VP"问也不相兼容，不出现在同一句中。

假设标记"如果、假如"等不能出现在"可VP"问中。表示假设特征的"如果、假如"等假设标记可以出现在句首，也可以出现在谓首，但如果句子同时是包含有疑问标记"可VP"，句子就不合法。例如：

（110）＊如果许三多可是来自河南农村？

＊假如许三多可是来自河南农村？

＊如果史今班长可去过钢七连？

＊假如史今班长可去过钢七连？

假设标记"如果、假如"出现在谓首句法位置，同样不能与"可VP"问相兼容。例如：

（111）＊许三多如果可是来自河南农村？

＊许三多假如可是来自河南农村？

＊史今班长如果可去过钢七连？

＊史今班长假如可去过钢七连？

假设标记"的话"只能出现在句尾，在"可VP"问句中出现句尾假设标记"的话"，句子不合法。例如：

（112）＊许三多可是来自河南农村的话？

＊史今班长可去过钢七连的话？

表示假设的"的话"是典型的假设标记，"可"是汉语疑问句的常见形式之一，从上面的例子我们不难看出两者不能同时出现在一个句子中。

"只有、只要、无论"等表示条件的假设标记也不能出现在"可VP"问句中。"只有、只要、无论"也表示广义的假设句，表达假设范畴，是假设句的标记。与其他假设标记相同，"只有、只要、无论"等标记也不能出现在"可"问句中，不然句子就不合法。例如：

（113）＊只要许三多可做得完五十个腹部绕杆。

＊许三多只要可做得完五十个腹部绕杆。

＊只有许三多可做得完五十个腹部绕杆。

＊许三多只有可做得完五十个腹部绕杆。

不难看出，表示假设的标记无论是可以出现在句首和谓首的"如果、假如、只要、只有"等，还是只能用于句尾的标记"的话"都不能与表示疑问的标记"可"出现在同一句中，不然句子就不合法。

通过前文的分析我们不难看出，假设功能与疑问功能在句法结构中相互排斥，不能出现在同一句子中，表示假设功能的假设标记不能出现在含有疑问功能的句子中，无论假设标记是哪一类，如果出现在包含有疑问功能的句子中，句子就不合法。疑问功能和假设功能在句法结构中相互排斥，两者应当具有相同的句法属性。疑问功能是一种典型的句子功能，作用于全句，在句首、谓首和句尾三个敏感位置得到实例化，在线性结构上得到体现。同样，假设功能也应当是一种句子功能，和疑问功能有相同的句法性质，作用于全句，在三个敏感位置得到体现。

综上所述，假设特征是一种作用于全句的句法特征，这一特征以一种没有语音形式的特征出现在句中，可以码化为［＋H］。这一特征必须在线性结构中得到形式上的体现，在句子的三个句法敏感位置：句首、谓首和句尾，采用有限的句法操作手段实例化和具体化。假设特征符合句子功能的根本要求，应当是句法学意义下的句子功能。另外，假设功能和典型的句子功能疑问特征在句法结构中互补，相互排斥，不同时出现在一个句子中，这说明两者属于相同的句法范畴，从侧面也说明了假设功能和疑问功能一样是一种句法学意义下的句子功能。

第二节　汉语假设特征的实例化

汉语的假设特征可以通过添加假设标记的手段实例化和具体化，在句子的表层结构中得到体现，在线性结构中形成具有特殊标识的假设句。汉语的假设标记有两类：一类是出现在句首和谓首位置的假设标记"如果""假如""要是"等；另一类是只能出现在句尾的假设标记"的话"①。两类假设标记具有不同的性质，可以同时出现在一个假设句中，也可以单独使用标识假设句。例如：

（114）如果明天许三多来，我们就去接他。

（115）明天许三多来的话，我们就去接他。

（116）如果明天许三多来的话，我们就去接他。

"如果"类的假设标记可以出现在句首位置，也可以出现在谓首位置。例如：

（117）如果明天许三多来，我们就去接他。

（118）明天如果许三多来，我们就去接他。

（119）明天许三多如果来，我们就去接他。

但是"如果"类假设标记不能出现在句末语法敏感位置，不然句子就不合法。例如：

（120）＊明天许三多来如果，我们就去接他。

　　　　＊明天许三多来假如，我们就去接他。

"的话"只能出现在句末位置，不能出现在句首位置和谓首位置，不然句子就不合法。例如：

（121）＊的话明天许三多来，我们就去接他。

　　　　＊明天的话许三多来，我们就去接他。

　　　　＊明天许三多的话来，我们就去接他。

---

① 有学者认为"时""吧""的时候"等也是位于句尾的假设标记，这里暂时不讨论。

"如果""假如"类假设标记可以出现在句首，也可以处于句中的谓首位置，但不能出现在句末位置；"的话"只能出现在句末位置，不能出现在句首和谓首位置。这在本质上是由假设特征［＋H］实例化的结果。通过假设特征实例化和具体化的研究，我们能更好地对这一现象作出解释。

一 假设特征在［C，CP］实例化

假设特征是句子功能，出现句子的最高位置，决定句子的性质，假设特征［＋H］在句子的［C，CP］位置可以通过添加标记的手段得到实例化和具体化，在线性结构中得到体现，形成有标记的假设句。我们在前面证明汉语的句子功能 C_1 出现的位置是句尾位置，因此假设标记出现的位置也应当是句尾位置。我们用"明天许三多来的话"作为例句进行说明。

"明天许三多来的话"在深层结构是具有假设特征［＋H］的结构，与普通的陈述句只有句子功能的不同。陈述句在［C_1，CP］具有天生的弱势陈述特征［＋CH］。"明天许三多来的话"具有"［＋H］明天许三多来"这样的深层结构。

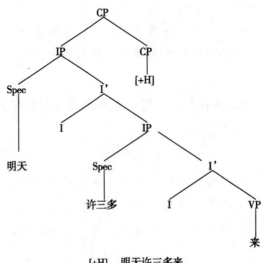

［+H］ 明天许三多来

假设特征［＋H］通过添加假设标记"的话"的手段在句子的
［C_1，CP］位置实例化，得到句法上的体现，生成表层结构中的"明天
许三多来的话"这样的表层结构。我们用下面的树形图表示这一
过程：

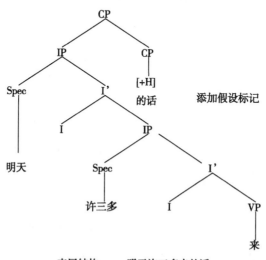

表层结构：　　明天许三多来的话

假设标记"的话"是假设特征在句子的［C，CP］位置实例化的
结果，由于汉语普通话的［C，CP］位置在线性上位于句子的末尾，
因此"的话"只能出现在句末位置，不能出现在句子的其他位置，不
然句子就不合法。

二　假设特征在［I，IP］位置的实例化

位于句子最高位置的假设特征［＋H］可以通过在句子的［C，
CP］位置实例化，形成在句子的末尾带有假设标记"的话"的假设
句。假设特征［＋H］可以通过在句子的［I，IP］位置通过添加标记
的手段实例化，添加的标记是"如果""假设"等，我们用"如果明
天许三多来"进行说明。在深层结构中"如果明天许三多来"和
"明天许三多来的话"一样，具有"［＋H］明天许三多来"这样的深
层结构，如图：

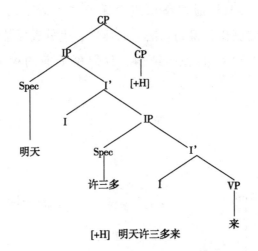

[+H] 明天许三多来

　　句子功能的假设特征 [＋H] 可以在句子的中心位置通过添加标记的手段实例化得到形式上的体现，添加的标记是"如果"，汉语中的"I"是一种只有谓素的句子中心，因此可以出现"IP"相嵌套的结构，句子中心"I"以"IP"为其补足成分，形成汉语特有的结构①。每一个句子中心在功能上来讲都可以对假设特征作出反映，添加表示假设的假设标记"如果"，因此出现在句首位置的假设标记都可以出现在谓首位置，本质上两者是相同的位置。我们用下面的树形图表示：

　　句子中心的位置可以出现多个，可以在句首，可以在小主语之前，也可在谓语动词之前，因此添加的标记也可以是多个位置，形成不同的假设句：

　　（122）如果明天许三多来，我们就去接他

　　（123）明天如果许三多来，我们就去接他

　　（124）明天许三多如果来，我们就去接他

---

　　① 汉语中句子中心的参数设定决定了汉语可以出现多主语等现象，参看徐杰（2001：97—102）。

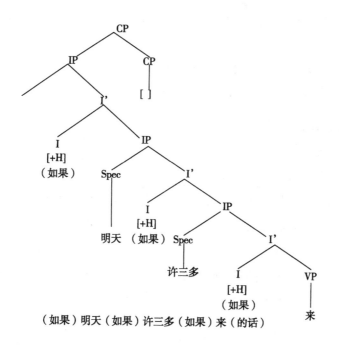

（如果）明天（如果）许三多（如果）来（的话）

汉语中的假设特征［＋H］通过添加标记的手段在句子的［C，CP］位置和［I，IP］位置得到实例化，添加的标记"的话"是假设标记在［C，CP］位置实例化和具体化的结果，因此不能在句中出现。假设标记"如果"类出现在句子的［I，IP］位置，是句子功能假设特征［＋H］实例化的结果，由于汉语句子中心"I"可以出现多个，因此"如果"之类的假设标记也可以在句首句中的多个位置出现。本质上"如果"类出现在多个位置，是由假设特征实例化和汉语句子中心的差异共同造成的表面现象。

第三节 特指疑问词在假设句中的非疑问用法

一 特指疑问词的非疑问用法

特指疑问句是由特指疑问词所包含的疑问特征投射到句法层面形成的疑问句，特指疑问词是构成特指疑问句的必要因素，没有特指疑问词一般不能构成特指疑问句①。特指疑问词一般可以根据所问对象分为以下几类：

1. 代表人或事物：谁、什么

2. 代表时间：哪会儿、什么时候

3. 代表地点和处所：哪儿、什么地方

4. 代表数量：几个、多少

5. 代表性质、方式和状况：怎么样、怎么

疑问词可以表示疑问，也可以表示任指、虚指和不定指，这种疑问代词用法很早就得到了关注。丁声树等（1961：164—167）区分了不表疑问的疑问词的"任指"和"虚指"用法，吕叔湘（［1942］2014：252—253）、汤延池（1981、1984）、朱德熙（1982：93—94）、邵敬敏（1996：229）、邢福义（1997：206）等都对疑问词的非疑问用法这一问题进行过描写，汤延池认为疑问词的非疑问用法主要有任指式、虚指式、照应式、修辞式、感叹式、其他式等几种形式。疑问词的非疑问用法与相关的句法格式密切相关，特指疑问词进入相应的句法格式通常表示不同意义的非疑问用法。黄正德（1982）、郑礼珊（1991、1993）、李艳惠（1992）等都认为汉语的特指疑问词在本质上不是疑问算子，汉语疑问词的非疑问用法在语境中得到允准，和句法的允准语有一定的联系。

特指疑问词在一般句法结构中，若有合适的语境常常可以表示疑问，也可表达虚指等非疑问用法，是一种两可的情况。例如：

（125）a 班长在上阵前吃了什么？

b 班长在上阵前吃了什么。

同样句法结构的两句，a 表示疑问，要求回答者告知"班长吃了

---

① 汉语中的"非疑问格式＋呢"也可以构成疑问句，在语法上也是特指疑问句。参看陆俭明（1982）。

什么东西";b表示陈述,告诉听话人"班长吃了某种东西"这一事实。相同的例子还有:

(126) a 昨天晚上班长去了哪儿? 去了前线。

b 昨天晚上班长去了哪儿。(现在还没回来)

(127) a 谁昨天把电脑修好了? 小明修好的。

b 谁昨天把电脑修好了。(今天可以用了。)

(128) a 班长什么时候走了? 昨天早上走的。

b 班长什么时候走了。(现在还没回来。)

(129) a 有几个人在办公室开会? 大概五六个人吧。

b 有几个人在办公室开会。(我们等他们走了再去。)

a、b 两句具有相同的结构,但 a 句表示疑问词,要求回答者根据提问内容分别进行回答;而 b 句表示陈述词,是一种若有若无、若虚若实的虚指,这时的疑问词常表示一种不明确的非焦点信息,不需要进行回答。

可见,只要有合适的语境,包含有疑问词的结构可以表示疑问,也可以表示虚指,是一种具有歧义的两可结构,歧义的消除需要依靠语境和句子所具有的句子功能。

二 汉语特指问词在假设句中不表疑问

含有特指疑问词的结构,可以表示疑问,要求回答者按疑问词所代表的内容进行回答;也可以表示陈述,是一种虚拟,两者歧义的消除受制于语境。但特指问词若出现在假设句中,则不能表示疑问,只能表示虚指意义,我们将这一现象进行描写。

(一)疑问代词"谁"在假设句中表虚指

疑问代词"谁"在疑问句中代表未知的人,在不表疑问时常常是虚指某个人。在假设句中"谁"只能表示虚指,不能表示疑问。

"谁"在有标假设句中表虚指,有标记的假设句是汉语假设句的主要组成，假设特征可以通过添加假设标记的手段，在句首、谓首和句尾实例化，形成有标假设复句，汉语中大部分的假设句都拥有假设标记。汉语常用的假设标记"如果、假如、要是 、只要、的话"，其中"如果、要是、只要"等用于句首和谓首，不能用于句尾；而"的话"只能用于句尾，不能用于句中。特指疑问词"谁"在有标假设句中只能表示虚指，不能表示疑问，不然句子不合法。例如：

（130） a 如果谁不愿意回家，他就留下来。

　　　　b * 如果谁不愿意回家？

（131） a 假如谁想不从现实出发，只有受到现实的惩罚。

　　　　b * 假如谁想不从现实出发？

（132） a 要是谁不想买车，可以先买基金。

　　　　b * 要是谁不想买车？

（133） a 谁不想回家的话，就在学校住一宿。

　　　　b * 谁不想回家的话？

不难看出，"谁"在有标记的条件句中只表示虚指，指代符合谓语条件的人，例如："不能回家""不从现实出发""不想买车"等；当结构表示特指疑问时，句子不合法，如例句所示。

假设标记词"如果、假如、要是、只要"等还可以出现在疑问代词"谁"的后面，句子仍然不表疑问，"谁"只能表示虚指，不然句子不合法，例如：

（134）　* 谁如果不愿意回家？

　　　　* 谁假如想不从现实出发？

　　　　* 要是谁不想买车？

　　　　* 谁不想回家的话？

特指问词作动词的补足语（宾语）出现在有标记的假设句只能表

示虚指，不具有疑问性，不能表示疑问，不然句子就不合法。例如：

（135）a 如果张三打了谁，他就会受到惩罚。

　　　　b 张三如果打了谁，他就会受到惩罚。

　　　　c * 如果张三打了谁？

　　　　d * 张三如果打了谁？

（136）a 只要张三打了谁，我们就会批评他。

　　　　b * 只要张三打了谁？

　　　　c 张三只要打了谁，我们就严厉地批评他。

　　　　d * 张三只要打了谁？

（137）a 张三打了谁的话，我们将严厉地批评他。

　　　　b * 张三打了谁的话？

　　无论假设标记使用"如果"还是表示条件的"只要"或者出现在句尾的"的话"，也不管假设标记是处于句子三个敏感位置的哪个位置，有标假设句中出现的特指问词宾语只能表示虚指，指代某一个人，而不能是具有疑问性的疑问代词，表示疑问。

　　"谁"可以表示领属，通常和表示领属的标记"的"组合成领属结构"谁的"，"谁的"与其他特指疑问词一样，可以表示疑问也可以表示虚指。例如：

（138）a 谁的书包丢了？

　　　　b 谁的书包丢了。

　　a 出现的语境可能是发现路边有个书包，为了寻找书包的主人，问："谁的书包丢了？"；b 出现的语境是甲乙两人发现路边有个书包，甲对乙说"谁的书包丢了"，表达的意义是"有人把书包丢了。"也可能是甲告诉乙"某人（两人都熟悉的人）把书包丢了"这一事实。

　　表示领属"谁的"出现在有标记的假设句中也不能表示疑问，只能表示虚指。例如：

> （139）如果谁的书包丢了，请到广播室领取。
>
> ＊如果谁的书包丢了？
>
> （140）谁的书包丢了，请到广播室领取。
>
> 谁的书包丢了？

有疑问代词"谁"的领属结构可以充当动词的补足语，在有标记的假设句中也不能表示疑问，只能表示虚指。

> （141）a 小明如果丢了谁的书包，我一定赔一个新的给他。
>
> b＊小明如果丢了谁的书包？
>
> c 如果小明丢了谁的书包，我一定赔一个新的给他。
>
> d＊如果小明丢了谁的书包？小明丢了。
>
> （142）a 谁的行李超过 20 千克的话，需要办理托运手续。
>
> b＊谁的行李超过 20 千克的话？

表示领属关系的疑问词"谁的"包含有在语义上指代人的"谁"对领属者进行提问，但在含有标记的假设句中不能表示疑问，只能表示虚指，在没有假设标记时句子可以表示疑问。

"谁"在无标记假设句中也表示虚指，假设句可以通过自身所含有的假设标记进行识别，假设句常常在复句中作前句，而且有时可以不带假设标记，无标记假设句通过复句的关系进行推知，通常在复句的后句包含有复句标记"就、才"等，这是复句关系对句法结构的规约。指人的疑问代词"谁"在无标记的假设句中同样不能表示疑问，只能表示虚指。例如：

> （143）谁具有反对日本帝国主义侵略的意识，我们就团结他。

（144）谁买了我们的商品，我们才与他合作。

（145）谁打败了公牛队，他就有可能成为新的 NBA 冠军。

（146）谁没有考及格，那么他就要参加明年的补考。

（147）谁的行李超过了 20 千克，那么他就要办理托运手续。

例句中全都为表示假设的复句。前一分句的假设关系，并不是由分句自身所包含的假设标记标识的，而是由后一分句推导出来的。如果没有后一分句，具有疑问词的结构可以表示疑问，但由于受到后一分句的制约而变为假设句，其中的疑问代词"谁"只能表示虚指，不能表示疑问。

特指疑问词"谁"在假设句中不表示疑问，而只表示虚指，在后一分句中可以用"他"指代，也可以用表示虚指的"谁"指代，甚至可以承前省略而不出现指代成分。例如：

（148）a 如果谁的行李超过了 20 千克，他应该办理托运手续。（"他"与"谁"同指，表示虚指的"谁、某个人"。）

b 如果谁的行李超过了 20 千克，谁应该办理托运手续。（后一分句中的"谁"也不表示虚指，与前一分句中的"谁"所指相同。）

c 如果谁的行李超过了 20 千克，应该办理托运手续。（后一分句没有出现指代成分。）

d 如果谁的行李超过了 20 千克，你应该办理托运手续。（后一分句出现了主语"你"，这时的"你"也是表示虚指，与前一分句的"谁"所指相同。）

总之，"谁"作为特指疑问词主要表示对人的提问，在常规结构中是表疑问和表虚指的两可情况，具体所指要由语境规约，但在假设句中，"谁"只能表示虚指，不能表示疑问，不然句子就不合法。

（二）"什么"在假设句中只表虚指

"什么"在特指疑问句中用来对事物进行提问，指代未知而欲知的消息，但在实际的运用中"什么"也可以不表疑问，不构成特指问句，也不需要针对所问的内容进行回答。邵敬敏、赵秀凤（1989）详细描写了"什么"不表疑问的各种用法，指出"什么"的非疑问用法包括：全指性、例指性、承指性、借指性、虚指性、否定性、反诘性和独用性八种不同的类型。"什么"在一般结构中表示疑问也可以表示非疑问，但在假设句中只能用来表示虚指，不能表示疑问。

在有标记的假设句中疑问词"什么"只能表示虚指，不能表示疑问。假设标记可以位于句首、句尾，也可以位于句中。

假设标记位于句首，"什么"只表示虚指不能表示疑问，无论"什么"在句中是充当主语成分还是动词的补足语成分。例如：

（149）a 如果你需要什么，请直接告诉我。

b 你需要什么？

c * 如果你需要什么？

（150）a 如果什么问题解决不了，我们就一起处理它。

b 什么问题解决不了？

c * 如果什么问题解决不了？

例句中的特指疑问词"什么"出现在假设句中表示虚指"某一个东西"时句子合法，当句子为疑问句表示疑问时，"什么"表示未知的内容，句子不合法。当不处于假设句中时，句子可否表示疑问是一种两可的情况。

假设标记也可以出现在句中，一般是出现在谓首位置，假设标记位于句中构成的假设句中出现的特指疑问词"什么"也不能表示疑问，只能表示虚指。例如：

（151）这群二流子只有出了什么事，他们才会改好。

　　　　　＊这群二流子只有出了什么事？

（152）这个孩子如果出了什么事，我拿你是问。

　　　　　＊这个孩子如果出了什么事？

（153）这里只要出了什么事情，立即会有相关人员出现。。

　　　　　＊这里只要出了什么事情？

（154）这里假如/要是有什么问题，你一定要提前通知我。

　　　　　＊这里假如/要是出了什么问题？

（155）他只有说了什么，我们才能抓住他的把柄。

　　　　　＊他只有说了什么？

（156）他只要做了什么，就会引起反响。

　　　　　＊他只要做了什么？

　　由"什么"引导的疑问短语不但可以作定语，还可以作主语和状语，但在有标记的假设句中只能表示虚指，不能表示疑问。例如：

（157）什么小事故要是得不到很好的处理，就会引起大的
事故。

　　　　　＊什么小事故要是得不到很好的处理？

（158）要是什么关键技术没有知识产权，产品的命脉就会被
别人抓住。

　　　　　＊要是什么关键技术没有知识产权？

（159）什么东西如果比钻石还灿烂，那只能是人类的微笑。

　　　　　＊什么东西如果比钻石还灿烂？

（160）什么理论要是不和实践相结合，它只能是一种空想。

　　　　　＊什么理论要是不和实践相结合？

　　上面的例句中疑问词"什么"构成的结构充当句子的主语，在有标记的假设句中不能表示疑问，只能表示任指和专指，表示的意思为"某一种关键技术、某一种东西和一种理论"。

没有显性标记的假设复句中，若可以依据复句之间的关系判断前一分句为后一分句的条件，或前一分句为假设句，则句中出现的充当句子主语的疑问词"什么"不表示疑问功能，只能表示任指和虚指。例如：

（161）什么关键技术没有知识产权，产品的命脉就会被别人抓住。

（162）什么东西比钻石还灿烂，那只能是人类的微笑。

（163）出现什么异常现象，就要马上采取有效的措施。

汉语复句的关系可以通过复句关系词得到体现，复句关系词可以成对地出现，在前一分句和后一分句同时使用，也可以只在前一分句使用或只在后一分句使用。例句中的复句关系词只出现在后一分句中，可以由此确定复句之间的关系是假设关系或条件关系，即使前一分句未出现假设标记，也可由后一分句推知前一分句是无标记的假设句。

疑问词"什么"出现在无标记的假设句中，也只能表示任指意义或者虚指的意义，而不具有疑问的功能，不能表示疑问。假设句中的"什么关键技术"只能任指任何一种关键技术，"什么东西"表示某一种东西，"什么异常现象"则表示任何一种异常现象，都没有表示疑问的意义和功能。

由"什么"组成的结构可以作状语，通常是对句子中非主目结构的内容进行提问，提问的内容常常在意义上表示动作发生的时间、地点、原因。例如：

（164）a 史班长什么时候去的河南农村？

今天早晨。

b 史班长为什么去的河南农村？

去招新兵。

　　　　　　c 史班长在什么地方找到了许三多?

　　　　　　在河南农村。

　　在有标记假设句中出现的由"什么"组成的结构,同样不能表示疑问,不能对动作的时间、原因等进行提问,只能表示任指和虚指,不然句子就不合法。例如:

　　（165）＊如果史班长什么时候去了河南农村?

　　　　　　＊如果史班长为什么去了河南农村?

　　　　　　＊史班长如果在什么地方找到了许三多?

　　假设句中由"什么"组成的结构不表疑问时句子合法。例如:

　　（166）如果史班长什么时候去了河南农村,那他一定是去招兵。

　　　　　　史班长为什么去了河南农村的话,那就太不值了。

　　　　　　史班长如果在什么地方找到了许三多的话,那他就找到了最好的兵。

　　由"什么"组成的疑问结构出现在具有假设功能的句子中,只能表示不定指,不再具有疑问功能。

　　（三）"哪"在假设句中不表疑问

　　"哪"在普通话中表示对地点方所提问的疑问代词,在疑问句中可以作主语,也可以作宾语,还可以作介词的宾语。例如:

　　（167）a 昨天哪儿发生了战争?

　　　　　　西亚那边打了仗。

　　　　　　b 史班长大清早去了哪儿?

　　　　　　去了河南农村。

c 史班长在哪儿找到了许三多？

在河南农村。

"哪"还可以与其他名词组成疑问结构，可以对人进行提问，"哪个人"相当于"谁"，对时间进行提问"哪天"等。例如：

（168）哪本书最值得一看？

这本新出的书。

（169）史班长哪天去了河南？

上一周六去的。

疑问词"哪"和由"哪"组成的疑问短语在假设句中不能表示疑问，只能表示任指和虚指等不定指的意义。

"哪"在有标记的假设句中不表示疑问，假设句的标记可以是"如果、只要、的话"等，假设标记出现的位置可以是句首，也可以出现在句子中心的谓首。例如：

（170）a＊如果哪儿发生了战争？

b 如果哪儿发生了战争，那就是当地居民的灾难。

（171）a＊哪儿如果发生了战争？

b 哪儿如果发生了战争，那就是当地句居民的灾难。

（172）a＊只要哪儿发生了大灾难？

b 只要哪儿发生了大灾难，人们子弟兵总是出现在最前线。

（173）a＊哪儿如果发生了大灾难的话？

b 哪儿如果发生了大灾难的话，人们子弟兵总是出现在最前线。

表示地点和方位的特指疑问词，在有标记的假设句中不能产生疑问意义，不然句子就不合法，只能产生表示不定指的任指意义或虚指意义，上面的例句中的"哪"都表示虚指的"某一地方"。

由"哪"和其他名词组成的疑问结构在有标假设句中不能表示疑问，不然句子就不合法。例如：

（174）　* 如果哪本书值得一看？

　　　　　* 哪本书值得一看的话？

　　　　　* 哪本书如果值得一看的话？

　　　　　* 只要哪本书值得一看？

上面的句子不合法，是由于由"哪"和名词组成的短语表示疑问，但出现在假设句中，如果"哪"和名词组成的结构不表疑问则句子合法。例如：

（175）a 如果哪本书值得一看，请告诉我一下。

　　　　b 哪本书值得一看，请告诉我一下。

　　　　c 只要哪本书值得一看，请告诉我一下。

　　　　d 哪本书如果值得一看，请告诉我一下。

"哪"在无标记的假设句中不表示疑问。没有假设标记的假设句，假设关系可以从后一分句推断，在没有标记的假设句中出现的特指疑问词"哪"和由"哪"组成的疑问短语也不能表示疑问意义，只能表示不定指和虚指关系。例如：

（176）　史班长去了哪儿，就赶快告诉我一声。

　　　　　* 史班长去了哪儿？就赶快告诉我一声。

（177）　哪发生了大灾难，就向当地部队求援。

　　　　　* 哪发生了大灾难？就向当地部队求援。

（178）　* 哪本书好看？我就把它买回来。

哪本书好看，我就把它买回来。

例句中的前一分句是无标记的假设句，假设句是由复句关系中的后一分句推知的，在无标记的假设句中，特指疑问词"哪"以及"哪"与其他名词组成的短语都只能表示虚指意义"某个地方、某本书"等，而不能表示疑问范畴。

三　英语中特指疑问词出现在假设句中不合法

英语的假设句可以通过在句首添加假设标记"if"的手段得到实例化，也可以通过助动词发生 I—C 移位的手段发生实例化。例如：

（179）<u>Had</u> I the time, I would go with you.

（180）<u>Were</u> I in you place, I wouldn't do it.

（181）<u>Should</u> you change your mind, no one would blame you.

英语的假设句中不能出现表示疑问的疑问词，不然句子就不合法。例如：

（182）　∗ If you love whom

　　　　　∗ Who if do you love?

　　　　　∗ Had I what

例句中的表示疑问的疑问词出现在假设句中，无论假设句是采用假设标记添加的手段表达，还是采用助动词移位的手段实例化，句子都不合法。

英语中的特指疑问词只能表示疑问意义，不能表示全指意义和虚指意义，因此假设句中出现特指疑问词全都不合法，要表示与汉语假设句中特指问词表示的虚指和任指的意义，英语中只能使用表示虚指的"somebody、someone、whatever、whoever"等。

四　句子功能实例化对上述现象的解释

句子功能是句子必须具有的语法因素，具有表述性的句法结构和句子功能结合成为独立运用的句子，句子功能处于句法结构中最高的 [C，CP] 位置，决定句子的性质；句子功能是没有语音形式的句法特征，这些句法特征作用于全句，必须通过有限的句法操作手段在句子的三个敏感位置才能得到实例化，在句法的显现层面得到体现。

句子在句法结构中是以句子功能 "C" 为中心语的最大投射，一个句子就是一个 "CP"。句子功能处于 "CP" 的核心位置 "C"，从结构上看，一个句子只有一个句子的核心位置，也就是说一个句子只能具有一个句子功能；句子如果同时具有两个句子功能，那么必有一个不能得到实例化和具体化而不合法。我们将这一原则称为句子功能性原则。

特指疑问句的疑问特征是特指疑问词所包含的词汇特征投射到句子的位置产生的[①]，特指疑问词是疑问特指必须进入位置才能得到实例化，决定句子的性质为疑问句。假设句是由全句功能范畴假设特征实例化的结果，如前文所述，假设范畴在句法中可以表现为没有语音形式的假设特征，可以码化为 [+H]，假设特征 [+H] 应当出现于句子的最高中心位置，对全句的性质产生影响。位于 [C，CP] 位置的 [+H] 假设特征必须通过有限的句法操作手段实例化才能得到句法形式上的体现。在结构上说，实例化产生的位置只能是 [C，CP] 位置或者句子中心 [I，IP] 位置。

假设句 "张三来的话" 在底层结构中是由表示假设的句子功能假设特征 [+H] 与主要意义的 "张三来" 组成的 "[+H] 张三来"。[+H] 特征可以在 [C，CP] 位置通过添加标记的手段实例化，在线性结构上表现为 "张三来的话" 这样的表层结构。疑问句 "张三来吗" 在底层结构中是由充当句子功能的疑问特征 [+Q] 与表意事项

---

① 参看第四章 4.4 特指疑问句的生成。

"张三来"组成的"［＋Q］张三来"疑问特征可以在［C，CP］位置通过添加标记"吗"实例化，在线性结构上表现为"张三来吗"这样的表层结构。

如果句子中同时出现假设特征［＋H］和疑问特征［＋Q］，那么句子在深层结构中就为"［＋Q］［＋H］张三来"。如图所示：

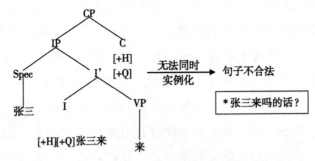

同样，英语中的假设句也是采用相同的手段在［C，CP］位置通过添加标记"if"的手段实例化，假设句"if I had time"在深层结构中是由假设特征和"［＋H］"和表语义的"I had time"组成的"［＋H］I had time"。如图所示：

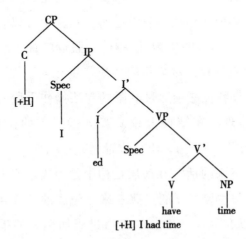

英语的假设特征［＋H］可以通过添加假设标记"if"的手段实例化，得到表层结构中的体现，形成表层有标记的假设句"if I had time."。英语的假设特征还可以采用移位的手段实例化，将处于句子中心［I，IP］位置的成分移位到句子的［C，CP］位置，形成助动

词在前，主语在后的倒装语序，例如"had I time"我们可以用下面的树形图来表示：

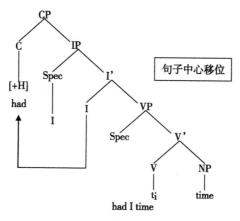

不难发现，表示假设功能的假设特征与表示疑问功能的疑问特征在结构上都处于句子的［C，CP］位置，如果句子中同时出现两个句子功能，则必定有一个句子功能没有位置可以占据，得不到体现，句子必不合法，也就是说在同一个位置，同时出现假设特征和疑问特征，句子不合法。我们用下面的树形图表示：

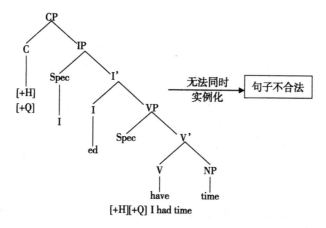

特指疑问句的疑问特征是由特指疑问词的词汇特征投射而成的，汉语中的特指疑问词"谁"的疑问特征是一种弱势特征，可以得到抑制，不能在显性层面得到句法上的体现，因此在假设句中的特指疑问词不能表示疑问含义，只能表示任指和虚指意义。我们用下面的树形

图说明：

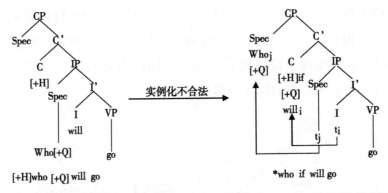

如果特指疑问词的疑问特征得不到抑制，例如在英语中，特指疑问句的疑问特征是一个强势特征，或者汉语句子必须表示特指问，由于同时被两个成分所占据，句子就不合法，如下图：

英语中的疑问特征［＋Q］和假设特征［＋H］都是强势语言特征，都必须通过显性的句法操作手段实例化，在形式上得到体现，但两个特征都位于句子的［C，CP］位置，相互冲突，不能同时得到实例化，在句法形式上得不到体现，句子不可能同时表达两种句子功能，因此句子不合法。

汉语中的特指疑问词不但可以表示疑问的含义，而且可以表达虚指和任指的意义，英语的特指疑问词只能表达疑问功能，不能表达虚指和任指意义。汉语中的特指疑问词出现在假设句中不能表示疑问意义，只能表达虚指和任指功能，否则句子就不合法。英语中的特指疑问词出现在假设句中句子不能表示疑问意义，因此句子也不合法。隐藏在这一表

面现象背后的深层原因，我们认为是句子功能单一性原则。疑问功能和
假设功能都是句子功能，两者的特指都出现在句子［C，CP］的位置，
句子的［C，CP］位置决定句子的性质，只能容纳一个特征出现，因此
当疑问特征［＋Q］和假设特征［＋H］同时出现在假设句中时句子不
合法。汉语中的疑问特征是一种弱势特征，可以得到抑制，因此当特指
疑问词出现在假设句中时可以表示虚指和任指，但不能表示疑问；英语
中的疑问特征是一种强势特征，必须得到实例化，因此特指疑问词出现
在假设句中句子不合法。总之，这表面看似不相关的两个问题，在深层
结构中都是由句子功能的性质和特征决定的。

小　结

　　假设句长期以来受到语法学界的广泛关注，但对假设句的研究多
是从复句关系层面入手进行观察和描写。我们认为假设也是一种句子
功能，这一功能在深层结构中表现为假设特征，作用于全句，可以在
句子的三个敏感位置通过添加标记、移位等有限的句法操作手段实例
化，在句子的表层形式结构得到体现。假设特征具有成句功能，能促
使具有表述性的结构变为独立运用的句子，而且假设特征与其他句子
功能相排斥。这都说明假设功能符合句子功能的内涵，是一种典型的
句子功能。假设功能在句法上必须通过句法操作手段在句子的三个敏
感位置实例化，各种语言假设句的差异也是假设功能实例化选择的位
置和操作手段的不同参数设定而造成的表面现象。特指疑问词出现在
假设句中不能表示疑问，也是由假设功能与疑问功能两个句子功能之
间相互排斥这一深层原因造成的。

结　　论

　　句子功能作为语言研究的重要内容，得到了语法学界的广泛关注；但是对句子功能这一语法问题的研究却经常从句子的语用层面和语义层面着手，句子功能也因此常常和句子的语用分类，句子的语气、句子的作用等概念等同起来。我们认为句子功能作为语法学研究的对象应当遵循语法研究的基本规则，必须得到形式上的验证。句子功能是一系列的特征，这些特征出现在句子的最高位置，管辖整个句子，决定句子的性质；作为句子功能的各种特征必须作用于全句，通过四种有限的句法操作手段在句子的三个敏感位置实例化和具体化，在线性结构中得到体现；句子功能能促使具有表述性的结果变为独立运用的句，具有成句性。

　　句子功能从深层结构中没有语音形式的特征实例化为具有特定语法效应的表层线性结构，形成了对应的句子。各种语言的疑问句、祈使句、假设句都是相应的疑问特征、祈使特征、假设特征实例化的结构，语言的表层差异是句子功能在不同句法敏感位置，采用不同的句法操作手段实例化与语言的其他参数设定的结果。

　　句子功能是作用于全句能在句子的三个敏感位置上采用四种句法操作手段得到实例化的句子特征，这些特征能够促使结构转变为独立的句子。虽然句子功能出现在［C，CP］位置，但是它与标句词、句子语气和句子作用等不同，不是同一性质的语法范畴。话题和焦点是作用于某一句法成分的特征，不是只在句子的三个敏感位置实例化；

同时话题和焦点特征不具有成句性，不能促使结构变为独立语用的句子；因此话题和焦点不是句法学意义下的句子功能。时体特征和否定特征作用于全句，需要在句子的三个敏感位置实例化；但是时体和否定不能促使有表述功能的结构变为独立运用的句子，不具有成句性，因此不是句法学意义下的句子功能。传统语法认为陈述和感叹是句子功能，它们具有成句性，能促使结构变为独立运用的句子；但是它们不通过显性的句法手段在句子的三个敏感位置得到实例化，因此不是典型的句法学意义下的句子功能。典型句子功能在外延上只有：疑问、祈使和假设。

疑问特征是典型的句子功能，它作用于全句，需要通过添加标记、移位、重叠等句法操作手段在句子的三个敏感位置得到实例化，得到句法上的体现形成疑问句。疑问特征可以促使结构转化为独立运用的句子，具有成句性。一般疑问句是全句疑问特征实例化的结果，英语疑问句只能采用移位的手段实例化，形成助动词在前主语在后的形式，汉语中的疑问句则形式多样。两者之间的差异是疑问特征在不同的句法位置采用不同的句法操作手段实例化的结果，是一种可以推导出来的衍生现象。特指疑问句是疑问词的词汇特征投射在句法层面并实例化的结果。英语、日语的疑问特征必须实例化，因此与一般疑问句的结构相同。汉语的疑问特征是弱性特征，不需要表现，因此在结构上与陈述句相同。两者之间的差异也是由疑问特征的强弱参数和特征实例化共同决定的。

祈使特征与疑问特征一样是典型的句子功能，能够促使结构变为独立运用的句子，具有成句性，祈使特征必须通过四种句法操作手段在句子的三个敏感位置实例化，得到形式上的体现，形成表层结构中的祈使句。祈使特征在汉语和英语中通过删除时态特征的手段实例化，因此汉语和英语的祈使句都不能具有时态特征，由于缺少时态，英语中的句子中心变得不完整，不具有给主语指派格位的能力，因此英语中的主语不能出现。汉语的句子中心只有谓素，与时态无关，因此汉语的句子中心是格位能量释放可选型，可以给主语指派格位，出现祈使句的主语，也可以不指派格位给主语，句子以无主句的形式出现。英语和汉语祈使句的差异在本质上是祈使特征实例化和句子中心的不同参数设定共同作用的表面现象。

假设特征具有促使结构独立运用的成句性，同时假设特征必须通过四种操作手段，在句子的三个敏感位置上得到实例化，假设特征与疑问等其他句子功能相互排斥，具有相似的句法属性，因此也是句法学意义下的句子功能。汉语中的假设标记"的话"是假设特征在句子的 [C，CP] 位置实例化的标记，因此不能出现在其他位置，而"如果""假设"等标记是假设特征在句子的 [I，IP] 位置实例化的结果。汉语中的句子功能由于只含有谓素，因此可以出现多次嵌套的结构，"如果"既能出现在句首位置，又能出现在谓首位置。假设特征和疑问特征在句子中相排斥，因此特指疑问词在假设句中只能表示虚指，不能表示疑问。英语中特指疑问词不能表示虚指，因此在假设句中出现特指疑问词句子不合法。

句子功能是没有语音形式的特征，必须通过线性实例化得到句法层面的体现。句子功能在不同语言中通过不同的手段在不同的位置实例化形成不同的表面结构，是句法差异的深层原因。

参考文献

［美］安妮·桥本：《现代汉语句法结构》，侯芳译，黑龙江人民出版社 1973 年版。

北京大学中文系：《现代汉语》，商务印书馆 1958 年版。

［美］布龙菲尔德：《语言论》，袁家骅、赵世开、甘世福译，商务印书馆 1944 年版。

蔡维天：《重温"为什么问怎么样，怎么样问为什么"——谈汉语疑问句和反身句中的内、外状语》，《中国语文》2007 年第 3 期。

曹逢甫：《汉语的句子与子句结构》，王静译，北京语言文化大学出版社 2005 年版。

陈昌来：《现代汉语句子》，华东师范大学出版社 2000 年版。

陈国华：《英汉假设条件句比较》，《外语教学与研究》1988 年第 1 期。

陈国华：《英语间接条件句及其非语法化》，《外语教学与研究》2006 年第 5 期。

陈国庆：《克蔑语研究》，民族出版社 2005 年版。

陈建民：《汉语口语》，北京出版社 1984 年版。

程凯：《汉语是非疑问句的生成解释》，《现代外语》2001 年第 4 期。

戴庆夏：《浪速语研究》，民族出版社 2005 年版。

戴耀晶：《现代汉语时体系统研究》，浙江教育出版社 1997 年版。

［英］戴维·克里斯特尔：《现代语言学词典》，沈家煊译，商务印书

馆 2003 年版。

丁声树等：《现代汉语语法讲话》，商务印书馆 1961 年版。

董秀英：《假设句的跨语言比较研究》，博士学位论文，华中师范大学，2009 年。

董秀英、徐杰：《假设句句法操作形式的跨语言比较》，《汉语学报》2009 年第 4 期。

邓思颖：《汉语句类和语气的句法分析》，《汉语学报》2010 年第 1 期。

房玉清：《实用汉语语法》，北京语言文化大学出版社 1992 年版。

范继淹：《是非问句的句法形式》，《中国语文》1982 年第 6 期。

范晓：《汉语的句子类型》，书海出版社 1998 年版。

高明凯：《汉语语法论》，商务印书馆 1948 年版。

高明凯：《普通语言学》，新知识出版社 1957 年版。

高更生：《现代汉语》，山东教育出版社 1984 年版。

贺巍：《获嘉方言的疑问句——简论反复问句两种句型的关系》，《中国语文》1991 年第 5 期。

何元建：《生成语言学背景下的汉语语法及翻译研究》，北京大学出版社 2007 年版。

何荣：《中国文法论》，商务印书馆 1942 年版。

贺阳：《完句成分初探》，《语言教学与研究》1994 年第 4 期。

贺阳：《试论汉语书面语的语气系统》，《中国人民大学学报》（哲学社会科学版）1992 年第 5 期。

贺阳、劲松：《北京话语调的实验探索》，《语言教学与研究》1992 年第 2 期。

胡附、文炼：《现代汉语语法探索》，新知识出版社 1956 年版。

胡明扬：《北京话的语气助词和叹词》，《中国语文》1981 年第 5、6 期。

胡明扬：《北京话初探》，商务印书馆 1987 年版。

胡明扬、劲松：《流水句初探》，《语言教学与研究》1989 年第 4 期。

胡建华、石定栩：《完句条件与指称特征的允准》，《语言科学》2006 年第 5 期。

胡裕树：《现代汉语（重订本）》，上海教育出版社 1995 年版。

胡增益：《鄂伦春语研究》，民族出版社 2001 年版。

胡振华：《柯尔克孜族语简志》，民族出版社 1986 年版。

黄伯荣：《陈述句、疑问句、祈使句、感叹句》，新知识出版社 1958 年版。

黄伯荣主编：《汉语方言语法类编》，青岛出版社 1996 年版。

黄伯荣、廖序东：《现代汉语》，高等教育出版社 1991 年版。

黄国营：《"吗"子句用法初探》，《语言研究》1986 年第 2 期。

黄南松：《试论短语自主成句所应具备的若干句法范畴》，《中国语文》1994 年第 6 期。

黄正德：《汉语正反问句的模组语法》，《中国语文》1988 年第 4 期。

孔令达：《影响汉语句子自足的语言形式》，《中国语文》1994 年第 6 期。

蒋平：《形容词谓语祈使句》，《中国语文》1984 年第 5 期。

劲松：《北京话的语气和语调》，《中国语文》1992 年第 2 期。

黎锦熙：《新著国语文法》商务印书馆 1924 年版。

李泉：《试论现代汉语完句范畴》，《语言文字应用》2006 年第 1 期。

李莹：《感叹句标记手段的跨语言比较》，《汉语学报》2008 年第 3 期。

李莹：《谓头语法位置与全句功能语法范畴》，博士学位论文，华中师范大学，2009 年。

李锦芳：《布史语研究》，中央民族大学出版社 1999 年版。

李永燧、王尔松：《哈尼语研究》，民族出版社 1986 年版。

李宇明：《"呢"句式的理解》，《汉语学习》1989 年第 3 期。

李宇明：《疑问句的复用及标记功能的衰退》，《中国语文》1997 年第 2 期。

李宇明、唐志东：《汉族儿童问句系统习得探索》，华中师范大学出版社 1992 年版。

李大勤：《"WP 呢"问句疑问功能的成因试析》，《语言教学与研究》2001 年第 6 期。

李大勤：《格曼语研究》，民族出版社 2005 年版。

林裕文：《谈疑问句》，《中国语文》1985 年第 2 期。

林立红：《最简方案视角下英语祈使句的形态句法特征》，《中国海洋大学学报》（社会科学版）2009 年第 6 期。

刘丹青：《汉语中的一个内容宾语标句词》，载《庆祝〈中国语文〉创刊 50 周年学术论文集》，商务印书馆 2004 年版。

刘丹青：《苏州方言的反问句"可 VP"句式》，《中国语文》1991 年第 1 期。

刘丹青：《语法调查研究手册》，上海教育出版社 2008 年版。

刘红：《祈使句的显性主语和隐性主语》，《外语与外语教学》2002 年第 7 期。

刘叔新：《现代汉语理论教程》，高等教育出版社 2002 年版。

刘月华：《从〈雷雨〉〈日出〉〈北京人〉看汉语的祈使句》，载《语法研究和探索》（三），北京大学出版社 1985 年版。

刘月华：《用"吗"的是非问句和正反问句用法比较》，载《句型和动词》，语文出版社 1987 年版。

刘月华：《语调是非问句》，《语言教学与研究》1988 年第 2 期。

罗福腾：《山东方言里的反复问句》，《方言》1996 年第 3 期。

陆镜光：《论小句在句法中的地位》，《汉语学报》2006 年第 3 期。

陆俭明：《"非疑问形式 + 呢"造成的疑问句》，《中国语文》1982 年第 6 期。

陆俭明：《关于现代汉语里的疑问语气词》，《中国语文》1984 年第 5 期。

陆绍尊：《普米语简志》，民族出版社 1983 年版。

吕冀平：《汉语语法基础》，商务印书馆 2000 年版。

吕叔湘：《释〈景德传灯录〉中"在""著"二助词》（1941），《汉语语法论文集》，商务印书馆 2002 年版。

吕叔湘：《中国文法要略》，商务印书馆 1944 年版。

吕叔湘：《汉语语法分析问题》，商务印书馆 1979 年版。

吕叔湘：《疑问、否定、肯定》，《中国语文》1985 年第 4 期。

吕叔湘：《题外的话，也是题内的话》《中国语文天地》1988 年第 5 期。

马建忠：《马氏文通》，商务印书馆 1898 年版。

马桂琪：《关于德语祈使句的几个问题》，《现代外语》1982 年第 2 期。

马清华：《论汉语祈使句的特征问题》，《语言研究》1995 年第 1 期。

马学良：《汉藏语概论》，民族出版社 2003 年版。

马宏程：《否定标记的句法位置及相关问题考察》，中国社会科学出版社 2015 年版。

马庆株：《现代汉语教程》，南开大学出版社 1992 年版。

孟达来：《蒙古语族甘青语言的假设式添加成分与突厥语族的比较》，《西北民族学院学报》1999 年第 1 期。

倪大白：《藏缅、苗瑶、侗傣诸语言及汉语疑问句结构的异同》，《语言研究》1982 年第 1 期。

倪劲炜：《祈使句中的语气副词"给我"》，《皖西学院学报》2009 年第 6 期。

欧阳觉亚：《村语研究》，上海远东出版社 1998 年版。

齐沪扬：《语气词与语气系统》，安徽教育出版社 2002 年版。

齐沪扬：《现代汉语》，商务印书馆 2007 年版。

齐沪扬、朱敏：《现代汉语祈使句句末语气词选择性研究》，《上海师范大学学报》2005 年第 2 期。

[美] 乔姆斯基：《句法结构》，黄长著等译，中国社会科学出版社 1979 年版。

钱乃荣：《北部吴语研究》，上海大学出版社 2003 年版。

屈承熹：《汉语中句子的定义及其地位》，《世界汉语教学》1996 年第

4 期。

[日] 仁田义雄:《日语的语气和人称》,曹大峰译,北京大学出版社
1995 年版。

邵敬敏:《语气词"呢"在疑问句中的作用》,《中国语文》1989 年
第 3 期。

邵敬敏:《现代汉语选择问研究》,《语言教学与研究》1994 年第
2 期。

邵敬敏:《现代汉语正反问研究》,《汉语言文化研究(四)》,上海师
范大学出版社 1994 年版。

邵敬敏:《"吧"字疑问句及相关句式比较研究》,《第四届国际汉语
教学论文选》1995 年。

邵敬敏等:《汉语语法专题研究(增订本)》,北京大学出版社 2009
年版。

邵敬敏、赵秀凤:《"什么"非疑问用法研究》,《语言教学与研究》
1989 年第 2 期。

邵敬敏、周娟:《汉语方言正反问的类型学比较》,《暨南学报(哲学
社会科学版)》2007 年第 2 期。

申小龙:《普通语言学教程》,复旦大学出版社 2003 年版。

沈阳:《祈使句主语省略的不同类型》,《汉语学习》1994 年第 1 期。

史金生:《语气词"呢"在疑问句中的功能》,《面临新世纪挑战的汉
语语法研究》,山东教育出版社 2000 年版。

施其声:《汕头方言的反复问句》,《中国语文》1990 年第 3 期。

石毓智:《汉语语法》:商务印书馆 2010 年版。

司富珍:《汉语的标句词"的"及相关的句法问题》,《语言教学与研
究》2002 年第 2 期。

司富珍:《中心语理论与汉语的 DP》,《当代语言学》2004 年第 1 期。

司罗红:《话题结构、格位理论和被动句的生成机制》,硕士学位论
文,华中师范大学,2008 年。

司罗红:《句子中心差异和词类与句法成分的是否对应》,《汉语学

报》2009 年第 3 期。

司罗红：《祈使句式"V + 了 + NP"分析》，《兰州学刊》2010 年第 4 期。

司罗红：《祈使句的主语与约束原则》，《澳门语言学刊》2015 年第 2 期。

斯钦超克图：《康家语》，上海远东出版社 1999 年版。

孙宏开：《藏缅语疑问方式试析——兼论汉语、藏缅语特指问句的构成和来源》，《民族语文》1995 年第 5 期。

孙宏开：《独龙语简志》，民族出版社 1982 年版。

孙宏开等：《中国的语言》，商务印书馆 2007 年版。

孙汝建：《语气和口气研究》，中国文联出版社 1999 年版。

汤延池：《国语疑问句研究》，《师大学报》1981 年第 26 期。

汤延池：《国语疑问句研究续论》，《师大学报》1984 年第 29 期。

［日］太田辰夫：《中国语历史文法》（1987），蒋绍愚、徐昌华译，北京大学出版社 2003 年版。

王艾录：《汉语成句标准思考》，《山西大学学报》（哲学社会科学版）1990 年第 4 期。

王红旗：《"别 V 了"的意义是什么——兼论句子格式意义的概括》，《汉语学习》1996 年第 4 期。

王力：《中国现代语法》，商务印书馆 1985 年版。

王世华：《扬州话里两种反复问句共存》，《中国语文》1985 年第 6 期。

王兴国：《英语祈使句的表达形式及语用特点》，《外语学刊》1996 年第 1 期。

温宾利：《当代句法学导论》，外语教学与研究出版社 2002 年版。

吴国良：《试论英语祈使句的语法特征》，《外国语》1991 年第 2 期。

吴启主：《现代汉语教程》，湖南师范大学出版社 1990 年版。

吴为章：《关于句子的功能分类》，《语言教学与研究》1994 年第 1 期。

吴振国：《关于汉语正反问句和"可"问句的分合的理论方法问题》，《语言研究》1990年第2期。

吴振国：《选择问的删除规则》，《语法研究与语法应用》，北京语言学院出版社1994年版。

肖应平：《论现代汉语祈使句的时间范畴》，《盐城师范学院学报》2009年第4期。

谢留文：《客家方言的一种反复问》，《方言》1995年第3期。

邢公畹：《语法与语法学》，《中国语文》1979年第2期。

邢公畹、马庆株：《现代汉语教程》，南开大学出版社1992年版。

邢福义：《现代汉语的特指性是非问》，《语言教学与研究》1987年第4期。

邢福义：《小句中枢说》，《中国语文》1996年第6期。

邢福义：《汉语语法学》，东北师范大学出版1996年版。

邢福义：《现代汉语》，高等教育出版社2001年版。

邢福义：《汉语复句研究》，商务印书馆2002年版。

邢福义、吴振国：《语言学概论》，华中师范大学出版社2002年版。

邢向东：《神木方言研究》，中华书局2002年版。

邢向东：《陕北晋语沿河方言愿望类虚拟语气的表达手段》，《语文研究》2005年第2期。

邢向东：《陕北晋语语法比较研究》，商务印书馆2006年版。

徐杰：《句子的功能分类和相关标点的使用》，《汉语学习》1987年第2期。

徐杰：《疑问范畴与疑问句式》，《语言研究》1999年第2期。

徐杰：《普遍语法原则与汉语语法现象》，北京大学出版社2001年版。

徐杰：《句子的三个敏感位置与句子的疑问范畴—跨语言的类型比较》，载单周尧、陆镜光主编《语言文字学研究》，中国社会科学出版社2005年版。

徐杰：《句子的中心与助动词占据的谓头语法位置》，《汉语学报》2006年第3期。

徐杰：《句子功能的性质与范围》，《华中师范大学学报》2010 年第 2 期。

徐杰、李英哲：《焦点和两个非线性语法范畴："否定""疑问"》，《中国语文》1987 年第 2 期。

徐杰、张林林：《疑问程度和疑问句式》，《江西师范大学学报》1985 年第 2 期。

徐烈炯、刘丹青：《话题的结构与功能》，上海教育出版社 1998 年版。

徐阳春：《祈使句的构成、预设及恰当性》，《绍兴文理学报》2004 年第 4 期。

杨成凯：《关于短语和句子构造原则的反思》，《汉语学习》1993 年第 3 期。

［丹麦］叶斯丕森：《语法哲学》，何勇译，商务印书馆 2009 年版。

袁毓林：《现代汉语祈使句研究》，北京大学出版社 1993 年版。

袁毓林：《正反问句及相关的类型学参考》，载《语法研究与语法应用》，北京语言学院出版社 1994 年版。

袁毓林：《祈使句式与动词的类》，《中国语文》1991 年第 1 期。

苑中树：《黎语语法纲要》，中央民族大学出版社 1994 年版。

赵微：《两类祈使句的体特征及其否定的影响》，《南京师大学报》2005 年第 3 期。

周斌武：《漫谈句子》，载上海语文学会主编《语文论丛（2）》，上海教育出版社 1983 年版。

周长雨：《论句子的功能》，《求实》2006 年第 1 期。

张济民：《仡佬语研究》，贵州民族出版社 1993 年版。

张敏：《从类型学和认知语法的角度看汉语重叠现象》，《国外语言学》1997 年第 2 期。

张道真、温志达编《英语语法大全》，外语教学与研究出版社 1998 年版。

张斌：《汉语语法学》，上海教育出版社 1998 年版。

张斌主编《现代汉语》，复旦大学出版社 2002 年版。

张静主编《新编现代汉语》，上海教育出版社 1986 年版。

张伯江：《功能语法与汉语研究》，载刘丹青主编《语言学前沿与汉语研究》，上海教育出版社 2005 年版。

张谊生：《"把 + N + VV"祈使句的成句因素》，《汉语学习》1997 年第 1 期。

张志公：《汉语语法常识（改订本）》，新知识出版社 1958 年版。

郑良伟：《台语与台湾华语里的句子结构助词"讲"与"看"》，载《台、华语的接触与同义语的互动》，远流出版公司 1997 年版。

赵微：《两类祈使句的体特征及其否定的影响》，《南京师大学报》2005 年第 3 期。

赵元任：《汉语口语语法》，吕叔湘译，商务印书馆 1979 年版。

朱德熙：《语法讲义》，商务印书馆 1982 年版。

朱德熙：《语法答问》，商务印书馆 1983 年版。

朱德熙：《关于向心结构的定义》，《中国语文》1984 年第 6 期。

朱德熙：《汉语方言里的两种反复问句》，《中国语文》1985 年第 1 期。

Baker, C. Le, 1970. *Notes on the description of English*. Foundations of language (6).

Beukema, F. &Coopmans, P. 1989. *A Government – Binding Perspective on the Imperative in English*. Journal of Linguistics (25).

Chomsky, N. 1970. *Remarks on nominalization. In Readings in English Transformational Grammar*, ed. By Roderck Jacobs and Peter Rosenbaum. 184 – 221. Waltham, MA: Ginn.

Chomsky, N. 1981. *Lectures on Government and Binding*. Dordrecht: Foris.

Cheng, Lisa（郑礼姗）1991. *On the Typology of Wh – question* . Ph. D. dissertation, MIT。

Cheng, Lisa1993. On Dou quantification. UC（Irvine）ms.

Comrie, Bernard. 1986. *Conditionals*: *A Typology*. In Traugott, Elizabeth Closs & Meulen, Alice ter & Reilly, Judy Snitzer & Ferguson, Charles

A. (eds) 1986 On Conditionals. Combridge University Press.

Culicover, Peter 1992. *Polarity, inversion and focus in English*. ESCOL: 46 – 68.

Dayal, V. 1996. *Locality in Wh Questions*. Kluwer: Foris Publicationgs.

Herring, C. Susan & John C. Paolillo 1995. *Focus position in SOV languages. Word Order in Discourse*. Amsterdan & Philadelphia: John Benjamins Publishing Company.

Horvath, J. 1986. *FOCUS in the Theory of Grammar and the Syntax of Hungarian*, Foris Publicationgs, Dordrecht.

Huang, C. – T. James (黄正德) 1982. *Logcal Relations in Chinese and the theory of grammar*. Ph. D. Dissertation, MIT。

Jackendoff, R. 1972 *Semantic Interpretation and the Theory of Parameters*, MIT Press, Cambrige, Massachusetts.

J – Y Pollock. 1989. *Verb movement, Universal Grammar, and the Structure of IP*. Linguiistic Inquiry (20).

Kuno, Susumu 1978. *Japanese: a characteristic SOV language. In Winfred Lehmann (ed.) Synatactic Typology*. University of Texas Press.

Li, Yen – hui Audrey. (李艳惠) 1992. *Indefinite wh in Chinese*. Journal of East Asian Linguistics. (1)。

Moravcsik, Eidth. 1978. *Reduplicative constructions In Joseph*. H. Greenberg (ed) Universals of Human language VOL: 3 Word structure, Stanford: Stanford University Press.

Radford Andrew, 2000. *Syntax: A Minimalist Introduction*. London: Cambridge University Press.

Rupp, Laura. 1998. Morphosyntactic Issues in the English Imperative, *Essex Graduate Student Papers in Language and Linguistics* (2).

Souag, Lameen. 2006. *Reduplication in Siouan – Catawban. An MA essay*, available form: http//lameen. googlepages. com/ reduplicationinSiouan. doc.

Svolacchia, Marco, Lunella Merou & Annarita Puglielli, 1995. *Aspects of discourse configurationality in Soamali. In Katalin E. Kiss (ed.) Discourse Configurational Languages*. Oxford: Oxford University Press.

Wang William S – Y (王士元). 1967 *Conjoining and Deletion in Mandarin Syntax*. Monument serica (26)。

Wahba, W. A – F. B. 1991, *LF movement in Iraqi Arabic. In C – T J. Huang& R. May Logical and linguistic Structure*. Kluwer: Foris.

Xu, Jie (徐杰) 1993 *An Infl Parameter and Its Consequences*. Doctoral Dissertation, University of Maryland at College Park。

Zanuttini, R. *et al.* 2012. A syntactic analysis of interpretive restrictions on imperative, promissive, and exhortative subjects, *Nat Lang Linguist Theory* (30).

后　记

　　2005 年夏末，我别过故乡的豫北小城，来到江城武汉，求学于百年华师，硕博相继五年有余。而后又转回中原，供职于郑州大学，弹指之间又是五年。脱稿之际，梳理自己的十年记忆，感慨求学道路之坎坷曲折，感激诸师友教诲情感之真切。

　　本书是在我 2011 年通过答辩的博士学位论文基础上修改而成的。文中部分内容已经作为单篇论文发表，师友们鼓励我将其系统整理，而今有机会得以成书，求教于大方之家。

　　首先，感谢授业恩师徐杰先生。徐老师不以我资质愚钝、功底浅薄将我收入门下，使我有机会领略大家风采，感受语言之奥妙。徐老师学识渊博，治学严谨而又开明，为人谦和而不失风趣，从生活到学习都深深影响了我，使我终生受益。无奈学生性情疏懒，学力不济，至今徘徊在学术大门之外，有辱先生教诲。特别感谢邢福义先生带领的华师语言学团队。桂子山的美名不在其高，而在于邢先生一样的巨匠和他们的卓然成就。"抬头是山，路在脚下"的进取思想是激励我们不断努力的座右铭，"人品第一，学问第二；文品第一，文章第二"的治学思想加紧我人生追求的步伐。汪国胜老师平易近人，学养深厚，学习中给予我莫大的支持，许多生活中的事情也都得到了汪老师的帮助，这些都将永远铭记在我心中。

　　感谢我的父母和家人，虽然他们都没有很深的文化，但是他们却一直支持我读书，永远记得送我到安阳、到武汉时的情形。我知道虽然我没有太大的成就，但在他们眼中，我永远是他们的骄傲。感谢在武汉工作的伯伯和伯母，使我在武汉少了漂泊的感觉，每次有什么困难都得到他们无私的帮助。我的爱人王素改，工作和学习的同时还将家庭照顾得特别好，给了我最大的支持，书中许多内容都是和她讨论的结果。伴随着博士论文出生的儿子也已5岁，活泼可爱，在幼儿园听说爸爸发表文章竟然也十分兴奋。虽然爸爸妈妈不常陪你，但你永远是爸爸妈妈的牵挂。

同门师兄弟李莹师姐、李孝娴师姐、董秀英师姐、马宏程师兄、向二兰师姐、李丹弟师兄以及田源、王娟、张媛媛、张莹、白玉寒、梁铭、郭建芳、杨西彬、杨炎华、易红、曹彬、张磊对语言学的热情不断带动我，使我有蓬生麻中之益。

郑州大学文学院是一个积极进取的团体，志同道合的领导和老师给予我们青年老师许多机会和支持。特别是创新和新兴基础学科计划的资助才使本书能和读者见面。感谢在河南省政府办公厅挂职时给我无私帮助的各位领导和朋友，虽然只有一年时间，但是让我的生活和学习变得积极高效，思考问题时有了更多的家国情怀。

中国社会科学出版社水平高，影响大，在学界有非常好的口碑。能在中国社会科学出版社出书是我莫大荣幸。

感谢学习、生活、工作中给予我支持和帮助的人们！

司罗红
2016年8月
于郑州